JN410280

성춘복 미수기념문집

인연

– 상남과 나

인연 - 상남과 나

1판 1쇄 인쇄/ 2023년 12월 5일
1판 1쇄 발행/ 2023년 12월 10일

엮은이 / 우 희 정
펴낸곳 / 도서출판 소소리

등록 / 제300-2007-21호
주소 03073 서울 종로구 성균관로5길 39-16
전화 / 765-5663, 010-4265-5663
e-mail: sosori39@hanmail.net

값 14,500원

*잘못된 책은 바꿔드립니다.

ISBN 979-11-5891-194- 2 03810

인연

상남과 나

인연으로

두어 개의 박하사탕으로
어린아이의 꿈은 영글고
어둠 천지인 잠에 들었다가
작은 불씨 하나 얻게 되면
먼 날을 밝힐 광명이거니
우리 사는 세상의 뜨락을
어찌 춥고 낯선 데라 말하랴

두어 개비 성냥불로 화톳불 놓고
가다귀로 시린 손발 데워
빛과 온기를 가려낸다면
깜짝 놀랄 낱말로 좋은 기분 되어
무슨 극이나 시 따위
팔자로 명운을 내세우기까지
내일쯤 펼칠 줄도 알겠거니

역사나 기록 따위가 아니어도
소소한 것들 엮어내어
그래, 그대들의 세상이라 한들
거듭 일컬어질 날도 있을 것이거늘
이미 오랜 옛적부터 준비해온
놀이판의 필연이사 어찌하지 못할
그 또한 결단코 우연만은 아닐지니

씨앗 한 톨이 날아와 앉으면
금간 담벼락도 잠시잠깐
바람과 비를 얻어 몸살기로
뿌리가 되고 잎도 아니되랴
견고한 시간으로 치솟은 꽃은
모질고 든든한 탑을 쌓아
우리 인연 예서 펼치리니.

2023년 동지를 기다리며

성춘복

▷ 차 례

인연

- 상남과 나

오라버니같이 믿음직한 성춘복 시인

김후란

사람의 인연이란 참으로 신비하고 귀한 것이다. 성춘복 시인은 나이와 상관없이 평생 나에겐 오라버니같이 믿음직한 분이다.

내가 한국일보 문화부기자로 근무할 때 문화부장 겸 논설위원인 신석초 시인을 찾아오는 헌출한 미남자가 있었다. 그가 자주 와서 시 작품을 신석초 시인께 드리고 가곤 했는데 얼마 후 당시 가장 권위 있던 『현대문학』지에 추천을 받아 '성춘복 시인'으로 등단을 했다.

그 뒤에 나도 신석초 시인의 권유로 현대문학지에서 등단을 했고 이어서 김여정, 임성숙, 박재천 등 10여 명의 신진들을 『현대문학』지에서 추천해 주셨다. 그 후 신석초 시인께서 좋아한 프랑스 시인 봐레리가 가졌던 '화요회'라는 명칭의 모임을 도입, 우리 10여 명의 새싹들을 위해 한 달에 한번 오찬모임을 열어주시고 좋은 말씀도 들려주시면서 우리 모두 시단에서 성숙해가는 좋은 시인들이 되라고 밀어주셨다. 이 모임을 위해 성춘복 시인이 기둥역할을 하였다.

성춘복 시인은 평생 부지런한 분이다. 을유문화사라는 큰 출판사에서 바쁘게 일하는 몸인데도 우리들 모임을 이끌어가면서 신석초 시인의 속 깊은 인간적 배려를 진지하게 살려갔다.

특히 내가 첫 시집 『장도와 장미』를 내기로 했을 때는 장정과 교정 등 모든 일을 자신의 일처럼 착실히 진행해주었고 그 후에도 한 5년에 한 번씩 새 시집을 낼 때마다 제목을 선정하는 일부터 여러모로 도움을 주었다.

실은 나에게만 그렇게 친절한 건 아니었다. 우리 여성시인 7명이 청미동인회를 구성, 동인지를 계속 발간할 때에도 그는 나의 오라버니 역할이 아니라 청미동인 모두의 오라버니 역할을 해주었다. 그의 사무실에 모여서 동인지 발간을 준비하거나 청미시화전, 청미시낭송회 등 행사를 준비할 때도 성춘복 시인은 자기 일처럼 시간과 노력을 바쳐 무사히 행사를 치르도록 도와주었다.

청미 30주년 행사 때는 프라자호텔 메인홀에서 문단 원로 등을 모시고 성대하게 행사를 치르게 되었는데 무대에 걸린 큼직한 현수막에는 원래 개인전도 하던 분이라 자신의 솜씨로 그림도 그리고 글씨도 쓰면서 아주 화려한 장식이 되었던 게 잊히지 않는다.

특히 청미 50주년 기념집을 낼 때엔 총력을 기울여 장정과 편집으로 빛나는 책을 제작해 주었다. 이렇게 매사에 있는 정성 다 쏟아 도와주는 분이어서 청미동인들 누구나 성춘복 시인을 마음으로 의지하고 지내왔다. 그러므로 청미동인 누구나가 그를 오라버니라고 불러 마땅하리라.

성춘복 시인은 신석초 시인뿐 아니라 월탄 박종화 선생님을 비롯하여 조병화 시인, 정한모 시인, 황금찬 시인, 조연현 평론가 등 어른들을 성심으로 모시고 한국문인협회 이사장으로 선출되었을 때에도 큰일을 끝까지 잘 해냈던 인재이다.

내가 2001년 당시 유한킴벌리 문국현 사장과 함께 개관한 '자연을 사랑하는 문학의 집·서울'을 운영함에 있어서 성춘복 시인이 이사의 한 사람으로 참여, 누구보다도 열성적으로 각종 문학행사를 함께 진행해준 분으로서 우리 사회에 문학의 향기를 안겨주는데 기여하였다.

문단에서 존중받는 성춘복 시인, 남을 위해 말없이 성심껏 힘을 보태주는 성춘복 시인, 좋은 시인으로, 좋은 화가로, 좋은 출판인으로, 또한 문인들의 활동무대를 넓혀온 '문학시대' 대표인 성춘복 시인께 미수를 축하드립니다.

한일 문학교류

왕수영

나는 한국에서 대학 졸업하던 이듬해에 박두진 시인의 추천으로 『현대문학』을 통해 시인으로 문단에 데뷔를 했는데, 시인으로 등단하기 전에 장편소설을 간행하여 소설에 더 열을 올리고 있었다. 그래서 가까이에 살고 계시던 김동리 선생님 댁을 자주 드나들었고 이범선 선생님과는 을지로의 대지다방에 모이는 문인들과 함께 만나는 날이 많았다.

어느 날 이범선 선생님이 성춘복 시인 댁에 함께 가자고 하셔서 따라갔는데 정릉 자택에서 처음으로 성춘복 선생님에게 인사를 드렸다. 아이 둘이 쪼르르 나와서 인사를 하는 뒤로 부인이 나타났을 때 너무도 놀랐다.

"어머! 너 인숙이 아니니!?"

"어머! 너 수영이 아니니!?"

성춘복 선생님의 부인 손인숙은 고등학교 시절의 내 짝지였다.

인숙이는 수학머리가 뛰어나서 우수한 학생이었다.

너무나 오랜만에 만난 우리는 반가움에 둘이서 쌓인 얘기를 하느라 성춘복 선생님과는 인사도 없이 헤어졌다.

그 후 일본으로 와서 살면서 본국과는 거의 소통이 없었는데 몇 년이 지나고 나서 어느 날 성춘복 선생님이 전화를 주셨다. 한민족문학대회의 행사에 해외에 사는 동포문인들을 초청하게 되었으니 참가하라는 것이었다.

참으로 오랜만에 본국의 문인들과 만나게 되면서 나의 문학 활동이 다시 시작되었다. 선생님은 나의 시집을 여러 권 간행해주셨고 덕분에 문학상도 많이 수상하는 등 문학에 대한 의욕을 북돋워주셨다.

일본 도쿄에 있는 '세다가야 문학관'에서 해마다 문학교류행사를 하면서 본국의 문인들을 초청하였다. 일본문인들과의 교류는 이십년 가까이 이어졌으며 우리는 많은 일을 했다. 한국의 문인들은 한복을 곱게 차려입고 일본문인들은 일본기모노를 예쁘게 차려입어 무대를 한층 빛나게 했으며 성춘복 선생님의 「도요타역에서」라는 시는 일본인들의 정서에 공감하는 작품으로서 매해마다 앵콜 낭독을 하셨으며 선생님의 '한국시에 대해서'라는 강연은 일본인들에게 한국문학을 알리는 좋은 시간이었다. 김후란 시인은 우아한 한복차림으로 인사말을 해서 인기를 끌었다. 전옥주 희곡작가, 최금녀 시인, 이길원 시인, 이경희 시인, 우정희 수필가 등이 초대되었고 성춘복 선생님과 나는 해마다 한일 문학교류행사로 자주 연락을 했으며 항상 서로의 근황을 주고받았다.

한일관계가 나빠지면서 우리의 문학행사도 시들해졌으나 가끔 내가 본국에 갈 때는 선생님을 찾아뵙고 식사를 하면서 쌓인 얘기를 풀어놓았다.

상처하신 선생님이 오랜 시간 혼자 지내시며 『혼자 부르는 노래』 『혼자 사는 집』의 시집을 내시더니 어느 날 아내를 맞이하여 건강한 일상을 보낸다는 소식이 들렸다. 이국땅에 사는 나도 마음이 따뜻했다. 선생님의 아내를 나는 헬레나 아우님이라고, 그녀는 나를 알비나 성님이라고 호칭하면서 지금도 소식을 주고받고 있다.

헬레나는 출판사 '소소리'를 운영하면서 많은 문인들의 저서를 간행해주는 실력 있는 출판인이며 수필가로서도 좋은 작품을 쓰고 있다.

선생님과 함께 일본에 오면 골동품시장을 즐겨 찾고 항상 선생님 곁에서 신경을 쓰고 있어 든든하고 고마움이 가득하다.

헬레나가 만들어준 나의 시집 『가도 그만 와도 그만』이 윤동주문학상을 수상했을 때 선생님 댁 뒷마당에서 내가 하모니카를 불면서 서로가 즐거운 시간을 보냈던 것이 나의 마지막 조국방문이었다. 그 후로도 헬레나가 『문학시대』에 시를 청탁해주어 작품을 보내고 있으며 선생님의 안부도 여쭈면서 우정을 나누고 있다.

35년 묵은 아름다운 인연에 띄우는 편지

전옥주

성춘복 토마스 모어 선생님!

전옥주 가타리나가 선생님의 세례명을 부르며 35년 이어 온 지난날의 추억을 떠올립니다.

많은 기억 가운데 그 세례명과 연관된 일이 가장 아름답고 소중하게 간직되어 있어서 '성 선생님', '상남 선생님'보다 '토마스 모어 선생님'이 훨씬 친근감이 있어서입니다.

우리 두 사람, 나란히 80줄에 들어 이승을 하직할 날이 얼마 남지 않았음인지, 10년이면 강산이 변한다는 그 10년을 세 바퀴 돌고 반을 넘긴 요즈음에 부쩍, 35년을 한결같은 사랑의 마음으로 신뢰하면서 배려하고 지켜보며 살아온 인연이 선명하게 피어올라 미수를 맞는 축하의 자리에서 몇 가지 되새깁니다.

하나/ 인연의 고리

선생님과의 인연이 시작된 것은 1988년 제52차 국제펜대회가 서울에서 개최되던 해이지요. 그 행사는 펜대회 최초로 초청하는 소련작가동맹 및 동구권 작가를 비롯하여 세계 각국의 펜 회원이 대거 참가하는 방대한 규모로 세라톤워커힐에서 일주일 간 펼치는데, 그 대회 준비를 위해 전숙희 펜회장께서 행사 진행 도우미 문인으로 선생님과 여성 시인 두 분 그리고 저, 네 사람을 차출하여 행사 개최일 5개월여 전부터 장충동 펜 사무실로 출근하게 하였습니다. 솔직하게 말하면 그때까지만 해도 저는 선생님과 안면이 서먹한 사이, 문단의 핵심인물이며 거물급 시인으로 소문이 파다한 분이기에 숫기 없는 초라한 희곡작가는 감히 접근할 수 없는 먼 거리에 있는 분이라 여겨 제대로 인사도 하지 않았습니다. 그래서인지 처음 얼마 동안은 거리감을 두었지만 곧 일의 진행과정에서 선생님의 다양한 재능과 순발력과 추진력에 감탄, 감동하면서 호감을 갖게 되었고, 거기다가 해박한 지식과 다정다감한 배려까지, 좀체 만나기 어려운 멋있고 매력 있는 남성이라 여겨 함께 일하는 것이 즐거웠습니다.

선생님도 처음보다는 일하면서 호흡이 맞아 일거리를 놓고 자주 의논하게 되면서 제게 친근감을 보여주었고, 그리고는 격려 차 들른 문단 어른들께 칭찬을 곁들여 저를 인사를 시키고서 식사도 같이하도록 배려했습니다. 이렇게 태어나서 처음으로 큰 문학행사 진행요원으로 참여하여 편안하고 즐겁게 일하면서 많은 것을 배울 수 있는 기회가 주어진 것은 선생님의 자상한 배려와 탁월한 추진력 덕분이라 감사하였지요. 그 후에도 인력이 필요한 문단의 큰 행사가 있을 때면 언제나 저를 불러주었습니다. 서울정도 600년 기념 '한

민족문학인 서울대회'와 한국현대문학1백년기념 '문학의 해' 행사 등. 문협의 대규모 행사에서 선생님과 함께 일하는 행운과 기쁨을 누릴 때는 몸이 마음을 따라주지 않아 곧잘 입술이 부풀기는 하였지만 육신의 고단함보다는 일하는 재미와 성취감을 만끽할 수 있어서 보람을 느꼈습니다.

그리고 문협 이사장으로 취임할 때는 제게 상임이사를 맡겼습니다. 가끔은 '성 선생님이 나를 과대평가하고 있는 것은 아닐까? 과연 내가 선생님 기대에 미치도록 일을 하는 것일까?' 하는 의문을 가지기도 하였지만, 그렇게 시간을 흘렀고 정은 깊어졌습니다.

또 잊을 수 없는 것은 2001년 문협 이사장 임기가 끝난 바로 그해, 김후란 시인이 주도하는 〈사단법인 자연을 사랑하는 문학의 집 · 서울〉을 함께 설립하여 이끌어온 것입니다. 남산기슭에 우리나라 처음으로 〈문학의 집〉을 개관하고는 그 마당에서 펼칠 다양한 행사를, 그야말로 의욕적으로 즐겁게 기획하면서 열정적으로 바쁜 시간을 보내며 〈문학의 집 · 서울〉의 초석을 다졌지요. 지나고 보니 꿈결 같이 빨리 지나간 아름답고 보람된 시간이었습니다. 비단 이뿐이 아니지요. 수많은 나날 소소하게 의미 있고 즐거운 일들은 일일이 나열할 수 없을 정도로 많이 하면서 두 사람은 일과 엮인 정으로 신뢰를 쌓았습니다.

둘/ 가슴에 새긴 따뜻한 징표

일 뿐만이 아닙니다. 선생님은 보다 풍요로운 삶을 사는 방법도 깨우치게 하면서 단련시켜주었습니다. 원래 약질에다 위장이 좋지 않아 젊은 날에 출근할 때도 멀미로 해서 걸핏하면 버스에서 도중하차하는 나를 비행기 여행까지 할 수 있도록 훈련시켰지요. 문협 지방행사를 할 때는 멀미로 주변 문우를 불편하게 하고, 홍도에 갔을 때는 배 멀미로 배 밑창만 보고 음식점에 누웠다가 돌아온 것이며, 상임이사 근무당시 해외문학기행으로 미국에 갔을 때는 장거리 비행으로 비행기 멀미가 가시지 않는 상태에서 그 이튿날 바로 LA, 워싱턴, 나이아가라(캐나다)의 장시간 버스 여정 길에 들어 멀미가 너무 심해서 약 먹고 차 안에서 계속 잠자면서 일주일을 버티노라 상임이사로서 한 팀 인솔하기는커녕 제 몸도 가누지 못하였기에 선생님은 제몫까지 일을 감당해야 해서 이중으로 힘들었을 텐데도 탓하지 않고 위로해 주었습니다. 그 후에는 아예 여행을 포기해야겠다는 지경에 이르렀는데, 그때 선생님은 '여행을 포기하는 것은 삶의 묘미를 즐길 기회를 포기하는 바보 같은 짓'이라며 '할 수 없다는 생각부터 버리고 무조건 나서라'고 다그치며, 동남아, 일본을 중심으로 패키지여행이 아닌, 여행 일정을 직접 짜서 편안하고 즐겁게 여행할 수 있다며 동참하도록 하였습니다. 여행을 자주 해야 단련이 되고 자신감도 생긴다면서요. 그렇게 해외여행이 길들여지면서 얼마 후에는 선생님을 떠나서 가고 싶어 했던 유럽지역 성지순례까지 다녀오면서 여행의 참 즐거움과 풍요로운 삶을 누릴 수 있게 되었으니, 이것이 가능한 것은 활기차게, 자신감을 갖고 도전하도록 이끌어 주신 선생님의 덕분이었습니다.

그리고 선생님은 사람이 살아가면서 깊고 넓은 사랑의 베풂이 있음도 깨닫게 했습니다. 1997년, 대구에 계시는 우리 어머니의 부고 소식을 들은 선생님께서는 황망 중에 있는 제게 바로 전화를 했습니다. 비행기 표를 마련할 테니 부부함께 공항으로 나오라고요. 그러나 나는 동생들과 함께 승용차를 타고 가겠노라고 하고는 점심때가 지나서야 빈소에 도착했더니, 선생님은 문협 이사장 조화를 미리 보내놓고는 비행기를 타고 오전에 도착하여 두툼한 부의금 봉투까지 전하고 선걸음으로 돌아가신 후였습니다. 경황없이 며칠을 보내고 생각하니 선생님의 그 깊은 사랑을 이해하는데 턱없이 부족한 나여서 무조건 감사하다는 생각밖에 할 수가 없었습니다.

그리고 몇 년 후, 60대 중반에 남편을 하늘나라로 보내고 맥없이 지내고 있을 때였지요. 생색도 내지 않고 선생님은 자연스럽게 나를 불러내어 맛집를 찾아 입맛 돋우는 밥을 종종 사주었습니다. 그럴 때면 식욕이 돌아오고 선생님 같은 분이 곁에 있다는 든든함에 의욕의 불씨가 살아나는 듯했습니다. 이 고마운 마음을 지인에게 얘기했더니 더러는 말했습니다. '선생님은 많은 사람들을 배려하고 정 베푸는 것을 좋아하시니 너무 감격하지 말고 부담 갖지 않아도 된다.'고요. 그렇지만 그 많은 사람 가운데 한 사람인 나는 선생님의 그 베풂이 잊을 수가 없어서 육친의 푸근한 정을 느끼며 주변을 맴돌며 살고 있습니다.

셋/ 노후에 들어 한 일 중 가장 잘했다고 자랑하고 싶은 일

35년 동안 선생님과 함께 지낸 시간 가운데 가장 기쁘고 보람을

느낀 일, 제가 노후에 가장 잘 한 일이라고 하느님께도 자랑하고 싶은 일이 있습니다. 그것은 70대의 멋쟁이 노시인과 50대의 발랄한 수필가의 혼인을 거들고 두 사람을 하느님의 자녀로 인도한 것입니다.

2010년 눈발이 날려야 하는데 촉촉한 부슬비가 내리는 1월의 어느 날이었지요. 명동 동보성에서 조촐하면서도 더없이 아름다운 혼인식의 풍경은 지금 생각해도 가슴이 설렙니다.

동기간의 정을 느끼게 되면서부터 바람같이 떠도는 선생님의 생활이 안정되려면 선생님과 딱 맞는 인연을 만나 결혼해서 가정을 꾸리는 것이라며, 그것을 간절히 바라고 있었지요. 그런데 그 소망이 이루어진 것입니다. 선생님이 열애중임을 알았을 때는 반가움과 우려의 맘이 반반이었지만, 그 당사자를 몇 번 만난 후에는 서로 부족함을 채워줄 수 있는 '안성맞춤' 인연이란 생각이 들어 두 사람이 결혼하면 행복하리라 확신이 생겨 혼인하기를 권하였지요. 그런데 뜻밖에도 선생님이 주저했습니다. 재차 권하는 저에게 "나이 차이가 너무 나서…, 젊은 여성을 괜한 고생을 시킬 것 같아 선뜻 나설 수 없다"는 대답. 그때 선량한 노시인의 말 너머에 보이는 황혼의 아픈 씨앗이 내 마음도 아리게 하여 '어쨌든 이 결혼은 성사시켜야만 한다.'고 결심하고는 재차 열심히 권했습니다. '어떤 일에도 걸림돌은 있기 마련이고, 다소의 어려움은 사랑으로 극복할 수 있을 것이며, 진정으로 사랑한다면 결혼해서 사랑하는 여인을 사람들 앞에 떳떳하게 앞세워야 한다.'고 강조하면서 주변의 가까운 문우들

지원도 받아 결국 결실을 맺게 하였지요.

혼인식 날, 저도 설레는 맘으로 행복해 하며 사회를 했습니다. 신랑 측 친지 열 명, 신부 측 친지 열 명, 스무 명의 하객이 신랑 신부를 가운데 두고 둘러앉아서 한 사람도 빠짐없이 축하의 말을 하는데 진심어린 한마디 한마디 모두가 감동을 불러왔지요. 그리고 신랑이 신부에게 건넨 직접 그린 그림을 곁들인 헌시 노트와 예쁜 디자인의 공예품 결혼반지, 소박하면서도 특이하고 품격 있게 조화를 이룬, 다시 볼 수 없는 아름다운 결혼식 풍경이었습니다.

그렇게 혼인하여 행복한 결혼생활 꾸려가는 데도 자꾸만 미진한 생각이 들었습니다. 하느님 앞에서도 두 사람 혼인을 인정받게 하고 싶었거든요. 그래서 친구가 성모회 회장으로 있는 혜화동성당에 가서 예비자교리를 받도록 권하여 6개월 교리공부를 마친 후, 2011년 성탄 무렵 마침내 제가 바라던 데로 두 사람은 주님의 자녀로 세례성사, 혼배성사를 받았습니다. 이날 저는 하늘을 바라보며 소리치며 자랑하고 싶을 정도로 뿌듯하고 눈물겹도록 감사했습니다. 그 감사한 마음을 지금까지 이어오면서 성춘복 토마스 모어와 우희정 헬레나 내외의 건강과 행복을 위해 매일 저녁 잠자기 전 기도를 바치고 있습니다.

성춘복 토마스 모어 형제님! 이렇듯 아름답고 질긴 우리 인연을 새삼스럽게 일깨우며 미수를 축하하고 있습니다. 사랑합니다.

주님 사랑 안에서 두 분 늘 건강하시고 행복하세요.

- 계묘년 마지막 달에 가타리나 씀

혜화동, 낭만 선비

이경희

어떤 힘을 안고 고즈넉이 성곽의 둘레길을 맴돌고 도는 선비
아예 그 둘레길 담 두르고 보금자리 안착하신 선비

가슴 가득 자유를 운전하며 펄 펄 뛰고 뛰는 뜨거운 가슴
중력으로 끌어내리며 수염을 다듬는 선비

여든여덟 번의 담금질을 거쳐
한 톨의 쌀알을 낳는 쌀 미(米)자
햇살 따가운 맑고 맑은 하늘 품에 안고
돌연 휘몰아치는 바람에 사정없이 휘둘리며
느닷없이 몰아치는 천둥번개 벼락에도

의지가지없는 벌판에서 두 팔 가득 펴고 시침을 떼고
신발끈 풀릴세라 조이고 조이며 파도 타는 선비

뉜들 거치지지 않는 길이랴마는
자유와 낭만을 잉태하고 팔팔 뛰는 괴로움 삭임질하며
가난을 벗 삼아 사색과 꿈 가득 담아 한 땀 한 땀
이 시대를 수놓으며 누벼가는 선비

골목길 벗어나 네거리
신작로를 따라 탁 트인 대로를 걸으며
친구들 함께 애타하며 아파하며 말없는 동행
소리없는 박수로 평안히 위로와 힘을 주시는
멀리 고향 지킴이 신식 오라버니 같은 선비

요동치는 혼돈의 세월 속, 꿈 많던 풋풋한 날들,
불가항력의 전쟁의 소용돌이 속에서 설움과 아픔 깊이 감추고
문방사우 묵향과 난향으로 스스로를 감싸며 걸어온 길
아득한 혜화동 로터리 분수에 어리는 낭만 선비

청미회(靑眉會) 한국 최초의 여성 시동인회(김선영 김숙자 김여정 김혜숙 김후란 박영숙 이경희 임성숙 추영수 허영자)를 결성(1963년), 창간호 준비부터 청미 동인지 1호가 나올 때까지 당시 관철동, 출판사 우문사를 경영하던 성 시인께서 자칭 청일점으로 모든 관심과 수고를 아끼지 않고 응원해 주시고 솔선하여 참으로 행동하며 함께 기뻐하며 박수 쳐 주신 선비, 그 후 반세기가 넘도록 함께, '청미 50주년 기념호'도 멋지게 엮어 주시어 출판기념 잔치를 치르며, 아름다운 우정을 나누어 주시며 문단의 귀한 역사와 추억을 만들어 주신 선비.

88올림픽이 열리던 해, '문학올림픽'이라 할 수 있는 국제펜클럽 한국대회(전숙희 한국펜클럽 회장 주관)가 세계 각국의 작가들이 모여 서울 워커힐 호텔에서 열렸는데 장충동 '동서문학' 사무실에 진행 본부를 두고 모든 준비를, 초청장 제작부터 전체 프로그램 일정 배정

등 꼼꼼히 일사분란하게 진행하던 그 중심에 성 시인과 함께 여러 문인들이 동참하여, 열심히 한국문학의 위상을 높이 알리며, 국제펜클럽 한국대회를 귀하게 치러내었다.

전숙희 회장의 역량으로 그 당시 해빙되기 전이었으나, 소련의 작가들을 초청해, 그 유명한 예프트센코 시인의 한국 호암아트홀에서의 멋지고 감동적인 시 낭송회도 그렇고 만당을 이룬, 한국을 중심으로 전세계 문인들이 순수한 문학정신으로 모여 교류를 함께한 소중한 시간들이었다.

세계 시인대회(조병화 회장 주관) 서울 유치 행사를 비롯하여 일본 동경 세다가야 문학관에서의 한·일 교류 문학행사(재 일본 왕수영시인 주관), 미동부 뉴저지 포트리에서의 재미작가들과 한국문학 교류 행사, 캄보디아의 앙코르와트 프놈펜을 여행하며 우정과 선비정신을 함께 나누던 일, 가는 곳마다 그곳의 문화가 배인 문방사우를 찾아 기념으로 구입하여 늘 옆구리에 끼고 다니신 성 시인은 낭만과 멋의 풍선을 묵향에 띄우며 함께 영혼을 살찌우는 무지개 세상을 꿈꾸는 21세기 멋진 선비였다.

또한 전국 문단의 수장으로서 철저히 봉사하며 모든 문인들의 위상과 자존을 높이며 집필공간 마련을 비롯한 곳곳의 세심한 복지에 이르기까지 해당 행정부에 건의와 호소로 심혈을 기울인 일들은 문단의 한 업적으로 기억되며 남으리라.

남산 기슭에 문학의 집·서울 창설(2000년)을 위해 창립멤버(김후란 성춘복 전옥주 이경희)로 하루도 빠짐없이 혜화동 로터리 성 시인의 '문학시대' 사무실에서 열정을 다하여 구수회의를 거듭하며 이루어낸 일. 모든 문학인들을 비롯한 예술인의 집 자연을 사랑하는 문학의 집· 서울(이사장 김후란)이 찬란한 단풍으로 물드는 가을날, 남산기슭 아담한 터에 담장을 모두 헐고 대문을 활짝 열어놓고 문화예술인들이 모여 징을 치며 개관을 축하하던 그 아름다운 시간들에 성 시인은 함께 있었다.

이제 성균관대 정문 지나 명륜동에 자리잡은 문학시대. 낭만 선비 성시인의 사무실에서 그 당시 창립멤버들이 모여 푸르른 그 열정을 추억하며 샴페인을 터트려 서로에게 뜨거운 박수를 힘껏 보내며 위로했으면 한다. 자연에 순응하며 아름다이 물들어가는 단풍잎처럼 선하게 선하게 우리들의 우정도 순리를 따라 영원하가를 기원한다.

어떤 힘을 안고 고즈넉이
성곽의 둘레길을 맴돌고 도는 선비
가슴 가득 자유를 운전하며
수염을 다듬는 선비
명륜당 성균관 선비의 기골이 배어있는
오로지 지-필- 묵- 연- 문방사우 의지하며
외길로 외길로 묵향으로 세상을 아름다이 물들이며
영혼의 무지개를 영원히 꿈꾸는 낭만 선비 성시인
알알이 영근 쌀 미
낭반 선비의 낭만 미수(米壽)
그 귀한 수확의 기쁨을 함께하노라.

상남 성춘복 선배님과의 정

조병무

이 자리에서 서로의 관계를 말하려면 하나의 철학을 들추어보고 싶다. 한 사람이 세상에 태어나서 삶이라는 큰 생명체에 존속되면서 서로가 서로를 공존의 세계에 적응하기 위해서 이루어지는 가장 큰 틀이 바로 인간과 인간의 유대 관계에서 비롯된다고 할 것이다. 이를 좀 장황하게 나열한다면 나 자신 엄마로부터 태어나면서 가장 밀접하게 맺어질 수밖에 없는 틀이 '엄마'와 '나'라는 것이며, 그 틀 속에 가족이라는 매듭이 존재하면서 아빠, 그리고 형제가 서로 하나라는 틀이 된다. 그러다가 친구가 있고 동기 동창이 서로 얽히면서 더 넓게 국가와 세계라는 우주 속의 삶이 자동으로 형성되어 나아가는 것이다. 여기에서 특징적으로 이루어지는 것이 자신의 삶의 바탕이 되는 가장 큰 여유로움의 '틀'이 형성되면서 그것이 삶의 근원을 이루어지고 상호관계를 형성하게 된다.

나에게 이루어진 하나의 '틀'이 「문학」이라는 절대적인 관계에서 나의 삶이 형성되고 만들어지는 속에 나라는 개체가 존재하게 된다.

그러나 그 존재는 자동적으로 다른 존재와의 관계에서 많은 요소가 이루어지는 찰나를 구성하고 그 찰나가 공존이라는 큰 덩어리가 이루어지면서 나에게는 「문학의 세계」라는 또 다른 관계 속으로 예속되어진다.

각설하고 상남(尙南) 성춘복(成春福) 선배와 평리(平里) 조병무(曺秉武)와의 인연은 어떻게 맺어졌을까요. 이는 두말 할 것 없이 「문학」이라는 틀에서 비롯된다고 하겠다.

상남 선배는 1959년부터 시인으로 활동하면서 많은 문학인들과의 상호 협조 속에 과거 많은 문학 원로들이 이루었던 것과 같이 『현대문학(現代文學)』 출신들로 「시단(詩壇)」이라는 동인을 1963년에 구성하여 하였다. 창간호에 강계순, 김규태, 문덕수, 송영택, 성춘복, 신동엽, 유경환,이수복, 이인수, 이형기, 정공채, 정재완, 조순, 최 원, 함동선, 허 유, 황금찬, 백종구, 등 시인들이 시를 발표하여 활발한 활동을 하였다. 나 자신은 이 동인지가 창간되는 해에 『현대문학』에서 문학평론과 시인으로 등단하여 먼 후일 상남 선배를 알현하게 되고, 상남 선배가 한국문인협회 이사장이 되면서 많은 활동을 하게 된다.

나 자신 등단 이후 60여 년의 긴 시간 작품 활동하면서 상남 선배가 이루어 놓은 문단의 운영과 작품 영역에서 많은 도움 속에서 한국현대시인협회를 맡아 운영하는 방법 등 출판 부문까지 배움의 덕을 얻게 되었다. 상남 선배는 을유문화사, 삼성출판사, 노벨문화사 등에서 많은 출판관계에 일가견을 이루면서 후일 이문당을 자영하고, 현재 출판사 '마을'과 '소소리'와 『문학시대』를 우희정 수필가 부부 함께 자영하면서 2023년 가을호로 총 145호를 발간하고 있다.

상남 선배는 일생을 한국문학에 헌신하면서 두 출판사를 통해 많은 문인들이 작품 활동할 수 있는 공간을 제공하였다.

나는 대학에서 강의를 하면서 〈현대시〉 특강 시간을 새롭게 배정하여 현대 한국 여성 시인들 50여 명에게 학생들이 각 시인들을 방문하여 현대시에 대한 여러 항목의 문제를 제시하여 시인들의 답변을 정리하여 이를 수업시간에 발표 검토한 것을 『문학시대』를 통해 10여 년 연재한 바 있다. 십여 년 동안 지면을 주신 것 역시 문학에 큰 보탬이 되었다고 할 것이다. 이 무렵 대담에 응해 주신 여류 시인들은 홍윤숙 김후란 허영자 김지향 박정희 함혜련 김초혜 박현령 이경희 김윤희 추은희 추영수 김선영 천양희 김혜숙 왕수영 김규화 노향림 이옥희 김여정 안혜초 문정희 임성숙 유안진 김양식 이향아 조순애 박명자 한분순 가영심 전덕기 김남환 이혜선 신동춘 김용하 김해석 홍금자 이진명 김유선 지연희 김선진 이구재 김소엽 최선영 나고음 김금룡 시인들이다.

끝으로 상남 시인에 대한 단평을 어느 문예지에 수록 것으로 끝맺어야 겠다.

성춘복 시인의 새로운 감각과 심상

성춘복 시인의 언어는 새로움에 있다. 시에 함축된 정서는 그 작품을 나타내는 시인의 이미지와 복합되어 간결하면서도 완벽한 영감을 끌어다 준다. 자칫 잊기 쉬운 시어에서 잠재된 언어감각에 따라 작품의 질감을 더욱 상승시켜 주고, 그 이미지의 틀을 완성시켜 새로운 심상의 세계로 인도한다.

시인의 작품에서 '엉그름', '허투루'(「빈 자리」) '발음걸음', '꼬드기'(「꽃들의 잔치」) '홑벌'(「자만시」) 등의 시어는 일상으로 보기 어려운 시어다. 시인이 표현하려는 정서를 시어가 지닌 토착어의 의미에 밀착할 때, 작품은 새로운 감성으로 완벽한 이미지의 생동감을 얻게 되는 것이다.

특히 시 「빈 자리」에서 '등침은 좀 휘었으나/ 내 위엄에 엉그름은 없을 듯/ 허투루 내칠 바 아니었다.'에서 '허투루'의 시어를 '아무렇게나' '대수롭지 않게'의 뜻을 지니면서 작품 전체의 이미지를 그려내는 운율감각과 영감은 언어를 초월한다.

성춘복 시인의 정서는 일상의 질곡을 넘어서 깊은 사념과 엄숙한 인생의 묘미를 한 단계 높여 달관의 세계로 자신을 인도한다. 무한의 세계를 터득한 듯 '취한 듯 몽롱한 꿈이 좋아/ 나는 오늘 나비가 된다.(「꽃들의 잔치」) '어쩌랴/ 곱게 두 손 다 거둔 후/ 빈 수레나 끌게 되는 것을.(「자만시」) 시인의 시어에서 보여준 토속적인 미감과 함께 우리의 고유한 정신세계를 한 폭의 심상으로 남겨주고 있다.

팔방미인 국제신사

이광복

필자는 1975년 봄 시인이신 상남(尙南) 성춘복 선생님께 처음으로 인사를 드렸다. 그때 선생님은 한국문인협회(약칭 문협) 이사였고, 필자는 문협 기관지 『월간문학』 편집부 기자였다. 서열로 따지자면 선생님은 아주 까마득히 높은 분이었고, 필자는 그 근처에도 다가가기 어려운 말단 중의 말단이었다.

선생님은 이사회 때마다 빠짐없이 참석했다. 특히 선생님이 이사회에서 공식 발언을 할 때에는 좌중을 휘어잡을 정도로 항상 논리 정연하고 시원시원했다. 그런 선생님께서는 이사회 때가 아니더라도 종종 문협에 들러 박봉으로 근근이 살아가는 우리 사무국 직원들에게 맛있는 점심을 사주시곤 했다. 문협 회원 수가 미처 천 명이 안 되던 시절이었다.

그때 선생님은 불혹의 장년이었고, 필자는 스무 살 남짓한 새파란 청년이었다. 그러고 보니 선생님을 처음 뵈었던 그 시점으로부터 어언 50년 가까운 세월이 흘렀다.

지금도 그렇지만 그때에도 선생님은 멋쟁이 그 자체라고 말할 수 있었다. 사실 선생님처럼 다재다능한 팔방미인은 흔치 않다. 선생님이 가지신 뛰어난 덕목은 아주 많아 일일이 열거할 수가 없지만, 그중에서도 선생님의 멋쟁이 기질은 가위 독보적이라 해도 과언이 아니다. 패션 감각이 뛰어나 춘하추동 어떤 옷을 입어도 잘 어울릴 뿐만 아니라 안경과 모자와 목도리와 심지어 신발에 이르기까지 어느 것 하나 어색한 것이 없고 모두가 멋으로 넘쳐난다.

식사를 하더라도 발길 닿는 대로 아무 데나 불쑥 들어가는 것이 아니라 운치 있고 맛 좋은 음식점을 찾는다. 선물을 고를 때에도 명품을 찍는다. 더욱이 사무실에서든 여행길에서든 즉석에서 뭔가를 쓱쓱 스케치할 때에는 그 솜씨가 하도 놀라워 탄복하지 않을 수 없다. 그렇게 해서 탄생한 그림은 당연히 선생님께서 편집하는 책의 표지나 본문 컷으로 빛을 발하게 마련이다.

어디 그뿐인가. 선생님은 언제나 여유로 가득했다. 누군가와 대화를 나눌 때에는 적절한 농담을 섞어가며 넉넉함을 잃지 않고 상대방을 편안하게 대해 주었다. 본래 타고난 미남인 데다 이렇듯 특유의 멋과 여유까지 갖춘 터라 아주 귀인다운 풍모가 넘쳐났다. 문인들 사이에 선생님의 인기가 높은 것은 결코 우연이 아니다.

그랬다. 선생님은 소싯적부터 덕인으로 살아왔다. 누군가로부터 섬김을 받기보다는 은덕을 베푸는 편이었다. 어려운 처지의 문인들에게 일감을 마련해 주고, 심지어 몇몇 문인들에게는 출판사 사무실의 일부를 떼어 무료로 제공해 주기도 했다. 덕불고필유인(德不孤必

有隣)이라, 선생님 주위에는 훌륭한 문인들이 버글버글 문전성시를 이루었다.

잘 알다시피 선생님은 1958년『현대문학』초회 추천을 시작으로 1959년 2회 추천, 1960년 완료 추천을 받아 문단에 나왔다. 일간지의 신춘문예가 한 번 당선으로 끝나는 반면『현대문학』추천은 시의 경우 세 번, 소설의 경우 두 번의 관문을 넘어야 했다. 그 관문을 통과하기가 무척 어려웠다. 오죽하면 초회 추천을 받아 놓고 그 이후의 과정을 넘지 못해 중도에 포기하는 사람들도 적지 않았다.

그래서『현대문학』추천을 받기가 하늘의 별 따기보다 더 어렵다고 했다. 심지어 행정고시, 사법고시와 함께『현대문학』추천을 3대 고시라고 일컫는 사람들까지 있었다. 사정이 이렇다 보니 그 당시 문단에서는『현대문학』출신이라면 누구나 다 알아주었다. 두말할 나위도 없이 문학 지망생 입장에서는『현대문학』출신을 선망의 대상으로 바라보게 마련이었다. 선생님은 3년에 걸쳐 그 어려운 관문을 뚫고 문단에 나오신 터라 명성이 대단했다.

더욱이 선생님은 1965년 첫 시집『오지행(奧地行)』을 필두로 1966년 제2시집『공원 파고다』로 제1회 월탄문학상을 수상하였고, 1970년 제3시집『산조(散調)』를 간행하는 등 깃발을 날렸다. 지금이야 어느 누구라도 마음만 먹으면 자비로든 뭐로든 언제든지 시집을 낼 수 있지만, 그 당시에는 유명 문인이 아니고서는 시집과 소설집을 발간하기가 이만저만 어려운 것이 아니었다.

누군가가 시집이나 소설집 같은 작품집을 내면 그걸 축하하기 위해 문우와 친지들이 모여 출판기념회를 열어 그 기쁨을 함께 나누었다. 그만큼 책을 간행하기가 무척 힘들고 드문 일이었다. 오죽하면 평생 시집이나 소설집 한 권 못 내고 작고한 문인들도 수두룩하였다.

그러한 현실에 비추어 선생님은 등단 초기부터 격조 높은 시집을 간행했고, 1984년 제4시집 『복사꽃제(祭)』를 비롯하여 2019년 제21시집 『여든의 하루를 사는 법』까지 무려 21권의 시집을 출간했다. 이와 함께 시선집, 평론집, 문집, 수필집, 청소년 교양도서 등 여러 저서를 간행했다. 여기에 동인지 등 공저를 합칠 경우 선생님의 저작물은 훨씬 더 많다. 이렇듯 치열하게 창작에 심혈을 기울이는 동안 한국시인협회상을 비롯하여 한국예술문화대상, 한국문학상 등 굵직굵직한 문학상도 거의 휩쓸다시피 했다.

한편 선생님은 성균관대 국문과를 졸업하자마자 출판의 명문 을유문화사에 첫발을 디딘 이래 1969년부터는 삼성출판사 편집국장을 지냈다. 그 당시 일류 출판사의 임금은 웬만한 대기업보다 높은 수준이었다. 그 이후에도 선생님은 노벨문화사 상무이사 등 유수한 출판사에서 임원으로 근무했고, 훗날 당신께서 직접 편집기획회사를 설립하는가 하면 계간지 『시대문학』을 운영해 왔다. 물론 도서출판 마을과 지혜네를 설립해 끊임없이 좋은 책을 만들어냈다.

선생님은 역시 일꾼 중의 일꾼이었다. 누가 뭐라든 말든 선생님의 기획력과 추진력은 어마어마했다. 문협과 한국시인협회, 국제펜 한국본부 등 문단의 여러 행사들이 개최될 때마다 선생님은 그 중심에서 다양한 역할을 맡았다. 예컨대 한국문인협회의 여러 사업 기획은 물론 세계시인대회, 해외한국문학심포지엄, 해외한국문학상, 국제펜대회, 문학의 해, 한국현대문학표징사업 등 굵직굵직한 문단 행사에서 선생님은 항상 출중한 능력을 발휘했다.

따라서 선생님은 항상 문단 안팎의 요직을 맡아 동분서주했다. 문협, 대한민국예술원, 한국시인협회, 국제펜한국본부, 한국예술문화단체총연합회, SBS문화재단 등 직접 또는 간접으로 관여하는 곳이 많았다. 그러면서 대학에도 출강하는 등 동에 번쩍, 서에 번쩍 그야말로 몹시 바쁘게 살았다. 달리 말하자면 그 능력의 부피와 무게만큼 선생님을 받들어 모시는 곳이 많았다는 뜻이다.

그중에서도 선생님은 문협에 가장 많은 열정을 쏟았다. 1974년 이사에 선임된 이후 1986년 제17대, 1989년 제18대 시분과회장을 연임했다. 제17대는 김동리 이사장, 제18대는 조병화 이사장 시절이었다. 특히 제18대 조병화 이사장 때에는 상임이사를 겸임했다. 그러다가 1992년 제19대, 1995년 제20대에는 부이사장으로 선출되었다. 황명 이사장 시절이었다. 이처럼 두 번에 걸쳐 부이사장을 지낸 선생님께서는 1998년 마침내 제21대 이사장에 올라 임기 3년 동안 전심전력으로 문협을 이끌었다.

선생님의 활동 영역은 국내에만 머문 것이 아니라 5대양 6대주 각국으로 널리 뻗쳤다. 해외에서 개최되는 각종 문학 관련 행사에 거의 빠짐없이 참석해 한국문학의 지평을 세계무대로 확장했다. 특히 직업적인 외교관보다도 훨씬 더 뛰어난 국제적 감각으로 해외 각국을 내 집 안방처럼 드나들었다. 이렇게 볼 때 선생님이야말로 멋과 여유에 넘치는, 한국문학의 세계화를 위해 불철주야 각국을 찾아 나선 국제신사라고 말할 수 있는 것이다.

한편 필자는 선생님께서 등단하신 『현대문학』을 통해 문단에 이름을 내밀었고, 문협 제19대 집행부 때 처음 이사로 선임되어 제23대까지 5대에 걸쳐 15년 동안 줄곧 연임했다. 물론 선생님이 이사장으로 재임하던 제21대 때에도 이사회의 일원이었다. 2007년 임기 4년의 제24대 소설분과회장에 피선되었고, 2011년 제25대와 2015년 제26대에는 부이사장으로 연속 선출되어 8년간 상임이사를 겸임했다. 그러고는 2019년 제27대 이사장에 당선, 4년간 그 직무를 수행했다. 일찍이 선생님께서 걸으신 그 길을 뒤따라 걸은 셈이라 하겠다. 이 과정에서 선생님의 가르침과 도움이 컸다.

여담이지만, 적덕지가 필유여경(積德之家必有與慶)이라 했다. 선생님께서 지난 세월 워낙 좋은 일을 많이 하시고 안팎으로 큰 덕을 쌓으신지라 노년에 이르러 천사 같은 우희정 수필가를 만나 세인이 모두 부러워할 만큼 일생일대의 홍복(洪福)을 누리고 있다. 참으로 절묘한, 그야말로 하느님께서 섭리하신 천생연분이라 하겠다. 그 복된 인연과 맞물려 두 분이 경영하는 『문학시대』이며 도서출판 마을에다 소소리까지 날로 승승장구하고 있으니 이 또한 크나큰 축복이 아닐 수 없다.

아, 이토록 멋지고 다복한, 언제나 변함없이 팔방미인 국제신사로 살아오신 한국문단의 큰 별 상남 성춘복 선생님께서 마침내 미수를 맞이했다. 한없이 기쁜 마음으로 감축하면서 아무쪼록 만수무강하시기를 기원한다.

고결한 학처럼 우뚝 솟은

이문걸

맑은 눈과 총명한 귀로
다진 정갈한 언어
산보다 높고 깊은 뜻
헤아려
뽑어낸 문장이듯

읽을수록 가슴 속에
흘러넘치는
영혼의 물소리

문학시대로
인고의 풍상 갈고 닦은
옥처럼
그윽한 향훈이 넘치는
한 잔 술을
옥반에 바치리니

한국문학사에
학처럼 우뚝 솟은 고결한…

천세만세에
불멸의 별이 되소서.

자아의 숲을 잘 가꾸어 온 정원사

- 성춘복 시인의 시세계 소고

차영한

1.

성춘복(成春福, 號 尙南, 1936. 3. 14~) 시인은 호적상 경북 상주시 화남면 소곡리에서 출생지라는 신분 사유 기재가 되어있으나 그의 실제 탄생과 성장지는 부산이라는 일설이 없지 않다. 그의 성품은 활달하면서도 말수가 적고 총명하고 정직하다는 이야기가 친구들 사이에서 회자(膾炙)되기도 한다.

학력은 일제강점기 때 공생유치원생부터 수정소학교와 광복 후인 1949년에 부산중학교, 1952년 부산공고를 졸업한 후 1955년 성균관대학교 국문학과에 입학하여 1959년 성균관대학교를 졸업하게 되었다.

시 문단 경력을 보면 재학 중인 1958년 월간 『현대문학』에 신석초 선생으로부터 초회 추천을 받게 된다. 그의 시 세계는 성격과 전혀 다르지 않은 직조가 탄탄하고 내재율에 강점을 보여주고 있다.

대상을 형상화하는 과정에서도 자기와 관계되는 일상적인 유비를 통해 일상어로 표출시키고 있다. 자아의 발견은 문학의 본질이기 때문에 시대상(時代相)도 그의 깊은 자아에서 발원시키는 것 같다. 말하자면 시적 흐름은 이항 대립적으로 사고하는 면도 없지 않다. 다만 리얼리즘적인 경향으로 오인할 수 있는 선(禪)적인 사유가 깊은 관계로 이해하지 못하는 안타까움이 없지 않다. 서구의 구조주의자들이 주장하는 실재계(實在界)를 깊이 있게 이해하지 못한 데서 오는 것인지도 모른다. 실재계란 일상적인 대상들과 사람들로 이뤄진 실재성이 아니라 이런 친숙한 동일시 밖에 있는 것으로 어떤 부과된 규정에 무의식적으로 저항하는 것이다. 도(道)의 공간, 흙, 여성의 자궁적인, 즉 텅 빈 충만(充滿)이다. 말하자면 만물이 근원이요 죽음이면서 삶이라 할 수 있다. 만물의 발생과 끝없는 순환의 근원이 무위(無爲)를 실천하는 것이 실재계이기 때문이다. 일찍이 플라톤이 말한 그리스어인 코라(chora, 無 · 空)를 이해하지 못한 극히 일부 에피고넨들의 인식적 오류로 보인다. 그러나 언젠가는 크게 재조명될 것으로 기대하고 있다. 그렇다면 필자가 관심 있는 성춘복 시인의 한두 편의 텍스트 성을 살펴보기로 하겠다.

2.

2-1

오지의
더욱 깊숙한

하늘은 둥글고
해 하나 중천에
떨어질 날이 없지만

빛으로 어두워진
내 눈은
사방이 무너져
황홀을 볼 수 없다

빛이여
눈이 따가운 언제나의 대낮에
안락의 그림자를 흘려
어둠을 내리고
초라한 옷자락에도
선풍이 일어
고목도
바람의 갈대처럼
흔들게 하라

나그네여
가시일 줄 모르는
빛의 한복판
타오르는 오지에
내가 성장하듯
모든 것을 소생케 하고
빛을 거두어
나의 정원을 떠나게 하라.

- 성춘복, 「오지(奧地)에서」, 제1시집 『奧地行』(예문관, 1965), 전재.

그가 제시한 오지의 정원은 무슨 의미를 던지고 있는 것일까? 그것은 작자만이 알고 있는 비밀이다. 자아를 성장하려는 꿈의 정원일 수 있다. 그러나 그가 갑자기 돌변하는 사회상에서 충격적인 변모양상에 자연의 회복을 내세운 것이라 할 수 있다. 당시 밀려오는 서구 물질문명에 대한 회의감은 누구보다 지성인들이 걱정하던 시기이기 때문에 젊은 성춘복 시인은 자연환경 보호에 그냥 있을 수 없었을 것이다. 그가 허무감에서 오는 자신을 유폐시키는 시의 기법은 전혀 아니다. 위장된 모습이 아닌 역설(paradox)적인 기법으로 오지행을 주장한 것이다. 그래서 그의 시제는 오지에서 문제의 뿌리와 줄기를 잡아야 근본적으로 문제를 해결, 일들을 바르고 굳게 한다는 즉, 지(智)를 내세우고 있다. 그러면서 도발적인 아우성이 아니라 "하늘은 둥글고/ 해 하나 중천에/ 떨어질 날이 없지만/ (중략)"이라는 간절함을 제시하는 선비정신의 목소리로 외치고 있다. 또 "빛으로 어두워진/ 내 눈은/ 사방이 무너져/ 황홀을 볼 수 없다"라는 공감을 유도하는 상소문을 계속 쓰는데 특히 "빛의 한복판/ 타오르는 오지에/ 내가 성장하듯(중략)" 역설적인 절규를 토해내는 듯 시퍼렇다. 그러니까 허무맹랑한 가짜들의 빛은 없애고 오지의 빛 그대로의 빛을, 자연의 순리대로의 빛을 되돌려달라는 절규의 시다. 물론 단순한 자연보호 차원을 넘어선 한 시대의 어두운 부분을 빛으로 내세워 순수성과 진실을 제시하고 있는 「奧地에서」는 매트릭스적인 아바타(分身)가 아닐 수 없다. 이 시가 갖는 무게야말로 무의식이 갖는 실재계(實在界)에 닿아 있다. 위의 시는 각각 다른 텍스트를 서로 받아들이고 있는 변주아말로 주체와 주체 사이에 발생하는 텍스트를 일치시키고 있다. 오히려 이 작품이 성춘복 시인의 대표작 안에서도 우뚝 서야 할 것 같다.

2-2

캄캄한 장막이다
그 어둠 뒤에
어머니는 누워있다
나는 포장을 들추고 들어가
어머니의 젖가슴을 꼭 만지고 싶다

어머니와의 이별 앞에서
나는 아무것도 할 수 없다
어머니 무덤 앞에
내 자리도 얻을 수 있을지
내 아내의 자리까지 얻을 수 있었으면

내일이면 나도
아버지의 오랜 잠을 깨우고
그 곁에 어머니를
그리고 내일 나는
내 무덤 자리를 꼭 보고 와야겠다

아내를 안고 누울 자리
어머니 앞이면 더 좋겠다
어머니를 버리고
나는
나의 갈 곳을 생각한다

나의 삶
나의 시
나의 숨까지 주신 어머니
아주 영 이별을 앞에 두고
나는 자꾸 헤맨다.

- 성춘복, 「어머니를 보내며」, 『여든의 하루를 사는 법』(마을, 2019) 전재.

앞에서 논급했지만, 성춘복 시인의 성격은 담백하고 인정이 많은 것 같다. 그래서인지 문학 사업을 위해 많은 짐을 지고 살아온 시인으로 그간의 노고를 살펴보면 훌륭한 업적과 공훈, 즉 휴적비열(休績丕烈) 또한, 제외할 수 없다. 여든에 여든 해(米壽)의 몸으로 종합지 계간 『문학시대』를 이끌고 있다. 토도로프도 "머뭇거림이야말로 환상적인 것을 가능케 하지 않는가."라고 했다면 그가 머뭇거림의 시들은 허깨비적인 환영(Fantasy)이 아니라 무의식적인 환상(Phantasy)일 것이다. 그가 삶과 죽음의 경계에서 모든 것을 받아들인다는 것은, 인간만이 가진 회귀본능에서 오기 때문이다. 어머니는 코라(chora, 無・空)이기 때문이다. 텅 빈 충만을 갖는 실재계는 삶과 죽음의 동시성을 갖고 있기 때문이다. 그래서 그의 시 「어머니를 보내며」는 취청비백(取青媲白)이 없는 진솔한 심정을 그대로 털어놓고 있다. 물론 관념시라고 할 수 있으나, 길항작용(antigonism)은 있다. 이럴 때는 은유는 멀리할 수 있다. 그러나 그의 기법의 얼개는 가리새가 분명하다. 역설적이면서 무의식적 자국을 남기고 있다.

대상이 사람을 끄는 힘이나, 배척하는 힘, 즉 오브젝트 커섹시스(object cathexis) 하다. 죽음과 삶 앞에서 진실한 고백은 부모와 아내를 내세운다. "어머니의 젖가슴을 꼭 만지고 싶다// 어머니와의 이별 앞에서/ 나는 아무것도 할 수 없다/(중략)"고 했다. 누구나 죽음은 어머니에게로 가게 되어있다. 어머니는 코라(chora, 無 · 空)임을 확인하고 있다. 이승의 현주소는 말소된다. 가족묘지가 없어도 저승가면 만나게 된다. 그래서 신은 존재한다는 것일까? 어쨌든 죽음 앞에는 평등하다는 것을 성춘복 시인만이 알고 있을까. 평소 담백한 선비정신은 물론 유교적인 신앙을 갖지 않아도 그의 시 작품은 그의 성격을 대변해주고 있는 산증인이다.

3.

결과적으로 그의 시 세계는 리얼하다. 그러면서 길항작용으로 난해 한때도 없지 않다. 특히 그가 서구의 아방가르드 일종인 다다이즘과 초현실주의의 어떤 경계라 할 수 있는 초자연주의를 내세웠던 아폴르네르 등 입체파의 콜라주 기법에 접근한 형태적인 시를 몇 편 발표한 것을 볼 수 있다. 그러나 그의 시가 갖는 초현실주의적 경향은 아직 발견되지 않는 것 같다. 시편들이 어떤 돌연함이나 이질적인 측면은 극히 몇 편에 불과한 것으로 보인다. 그래도 만남이라는 매혹의 관점은 비유적 의미를 생성하는 과정, 즉 세미오시스(Semiosis)가 없지 않다. 어쨌든 성춘복 시인의 시 세계는 탄탄한 직조와 내재율에 강점이 있다. 대상을 형상화하는 과정에서도 자기와의 일상적인 유비를 통해 담담하게 표출시키고 있다. 문학의 본질은 자아이기 때문에 시대상(時代相)도 그의 깊은 자아에서 발원하고 있다. 이러한 흐름은 이항 대립적인 면을 갖기 때문에 자아의 숲을 잘 가꾸어 온 정원사라고 해명한다.

상남 성춘복 선생님과 나

- 내 문학 한가운데 소나무로 서 계신 상남 선생님

조영수

내 문학 한가운데에 늘 푸른 소나무로 우뚝 서 계시는 상남 성춘복 선생님을 처음 뵙게 된 자리는 1980년 한국문인협회 추계 세미나에서였다.

제31회 『월간문학』 신인작품상으로 등단한 지 2개월 남짓한 신인이 한국문인협회 세미나에 참석하게 된 연유는 『월간문학』 신인작품상 심사를 하셨던 황명 선생님의 특별 배려 덕분이었다.

황명 선생님께서는 지방인 강릉에서 외롭게 시 공부를 하면서 갈피를 잡지 못하고 허둥대고 있는 신인에게 한국문단의 면모와 분위기를 접할 수 있는 기회를 마련해 주셨고, 상남 선생님을 소개하는 자리에서 문단으로 들어서는 첫출발에 힘을 실어 주며 잘 보살피라는 당부도 잊지 않으셨다.

그 후 문인협회의 크고 작은 행사가 있을 때마다 상남 선생님께서는 다정하게 연락을 주셨고, 『월간문학』 출신들의 시동인 미래시에서부터 한국문인협회와 한국시인협회 회원으로 가입할 수 있게 추천서까지 써주셨다.

상남 선생님께서 안내해 주시는 세미나며 시낭송회, 그리고 해변 시인학교에 참석하면서 원로, 중견 문인들을 뵙기도 하고 문학에 대한 말씀도 들었을 뿐만 아니라, 마음을 열어 보이고 싶은 문우들과 교류도 하면서 문단의 진면목이 조금씩 눈에 들어오기 시작했다.

설익은 시 몇 편을 써놓고 기고만장하던 시절은 상남 선생님을 가깝게 모시는 시간이 잦을수록 지워져 버렸고, 문학적 위엄을 내세우지 않으시며 시적 감각의 높낮이에 맞춘 가르침과 따뜻한 손길로 이끌어주신 선생님 덕분에 생각의 안과 밖을 설렘으로 채색할 수 있는 용기와 꿈을 다듬을 수 있는 행운의 실체를 만나게 되었다.

서너 마장 떨어져서 바라보아야만 하는 상남 선생님의 품격과 쉽게 범접하지 못할 문학과의 거리감을 인지하면서 내 시보다 남의 시를 더 깊게 읽어야겠다는 다짐을 굳혀가는 나를 발견하게 되었고, 거둬들임보다 버리는 일에 따뜻함보다 차가움에 화음보다 불협화음에 먼저 손을 잡아주시는 상남 선생님의 성품 앞에서는 숙연해지지 않을 수 없었다.

또한 조병화 선생님과 황금찬 선생님을 극진하게 모시던 모습이며, 선후배 문인들의 어려움을 해결하는 일에 남보다 먼저 앞장서시는 상남 선생님의 인품을 바라보면서 문학에 대한 집념보다 내 자신을 반듯하게 다듬는 일에 소홀했던 부끄러움으로 한동안 몸 둘 바를 찾기 힘들 때도 있었다.

"누군가 내가 시를 가장 사랑하는 시인을 찾아달라고 한다면 나는 주저하지 않고 그가 바로 성춘복 시인이다. 시인이라고 다 시를 사랑하는 것은 아니다. 시인이 시가 되었을 때 비로소 사랑하게 되는 것이다."라고 상남 선생님의 문학적 위상을 절찬하셨던 황금찬 선생님의 말씀은 몇 번이고 되풀이해서 듣고 싶다.

첫 시집 『세상 밖으로 흐르는 강』 서문에서 '조영수 시인의 본적은 바다이다. 그의 바다는 변화와 변화하지 않는 것, 협화와 불화의 적절한 조화 속에서 천성의 진솔을 가다듬고 있다. 조 시인의 시를 통하여 허식이 보잘것없음을, 진솔하게 상황에 접근하는 일이 선명한 색깔을 띤다는 사실을 잘 보여주고 있다. 암울한 쪽이 아닌 밝음을 지향하려는 조 시인의 특징을 눈여겨 살펴야겠다.'는 상남 선생님 격려의 글을 문학으로 들어서는 길섶에 길라잡이로 우뚝 세워놓고 있다.

두 번째 시집 『네 안에서 내 안으로』를 발간하였을 때 조병화 선생님을 모시고 강릉까지 내려오셔서 축하해 주시던 상남 선생님의 각별한 격려는 내 인생의 가장 깊고 높은 곳에 새겨놓고, 어둠 속에 주저앉고 싶을 때마다 빛으로 펼쳐보고 있다.

상남 선생님께서 손수 그려주신 다섯 번째 시집 『달에 대한 기억』의 표지화를 시보다 더 극찬해준 독자들이 많았던 사실은 오래 남겨두어야 할 기억이다.

상남 선생님의 시들은 상념을 내려놓고 읽으면 읽을수록 삶의 갈피마다 은은한 색감으로 고여 드는 저릿한 기쁨을 자주자주 만날 수 있게 해준다.

선생님의 20여 권 시집 중에서 곁에 두고 생각날 때마다 펼쳐보고 싶은 시집 한 권만 고르라면 시와 그림으로 엮은 『십삼월의 뜰』이 첫눈에 들어온다. 선생님의 문학성이 단정하게 고여 있는 시뿐만이 아니라, 꿈의 안과 밖을 드나드는 그리움의 색감으로 그려진 그림들은 달관한 심상을 바라보는 듯하여 감동에 앞서 충격으로 읽어야 하는 단아한 매무새를 닮은 시이기 때문이다.

지금까지 살아오면서 후회하지 않은 일이 있느냐고 묻는다면 망설이지 않고 고향을 떠나지 않았던 고집과, 내 문학 한가운데에 늘 푸른 소나무로 서 계신 상남 선생님의 보살핌과 가르침, 그리고 감동과 충격으로 음미해야 하는 선생님의 예술적 감성과 인품을 만난 것이라고 대답하고 싶다.

'내 시는 나를 다스리는 가슴 뜨거운 들꽃이다. 인간본능의 건강한 생명력을 고향 냄새 갈아엎지 않은 텃밭에서 들꽃으로 피워야 한다. 꽃밭에 발들여 놓을 욕심은 뽑아버리고 절대로 서둘러 피는 법 없이 순리에 따라 방글거리다 절기 맞춰 시들어져 주는 자연의 섭리를 배우기로 했다. 나에게 문학은 마음의 그늘을 아프지 않게 지워주는 빛이 되어준 사람들과 뒤돌아볼수록 따뜻해지는 그리움에게 고마움을 전하려는 나지막한 몸짓이다.' 상남 선생님의 보살핌과 가르침을 받으면서 선생님을 닮고 싶은 욕심으로 세워놓은 문학으로 가는 길에 세워놓은 이정표다.

생각 깨끗한 텃밭에서 꽃으로 피워야 하는 가슴 뜨거운 들꽃, 그 열정을 다듬이질할 겸손한 무게가 내 시에 실릴 때까지 먹을 진하게 갈 수 있도록 디딤돌을 놓아주시고 다정한 손길로 이끌어주신 상남 선생님께 감사한 마음은 아직도 다 전하지 못하고 있다.

상남 선생님께서는 천수(天壽)를 누리시며 남다른 예술성을 활짝 펴놓으시고, 거둬들임보다 버리는 일에 따뜻함보다 차가움에 화음보다 불협화음에 먼저 손을 잡아주시는 모습으로 한국문단에 우람한 소나무로 서 계실 수 있기를 기원합니다.

상남 성춘복 선생님

글 읽는 소리 자욱한 수묵화폭에서
상남 선생님이 걸어 나오신다
산 그림자 아프지 않게 내려놓고
낮은 몸짓으로 흐르는 물소리와
붓끝으로 다스려 자락 따뜻해진 바람을
매무새 단정하게 다듬으며 데리고 나오신다
바라보기만 하여도 상념 깨끗해지는
오래 삭혀 더 깊어진 세상 풍경을
쓸어놓은 마당 안에 당겨주시고
무반주로 시를 읊는 소나무숲으로 서 계신
상남 성춘복 선생님.

- 조영수 시집『시간 밖의 꽃밭』중에서

내가 아는 성춘복

한분순

시인의 나이는 꽃다워 늘 더 아름다워진다. 멋진 연대기 속에서 성춘복은 서정의 계관 시인이다. 문학에게 있어서 나긋하되 강인한 연인으로 시대를 위로하며 섭리를 찾는다. 그 혜안은 문학적인 우주를 축성하면서 기쁜 계시가 된다. 성춘복의 문장은 꽃의 무늬가 되어 사랑을 바라는 이들에게 다정히 닿을 것이다. 신들이 보낸 광대처럼, 어휘의 군주처럼, 성춘복은 그 필력으로 물질화된 은총이다.

아직도 못다 한 상남(尙南) 시인의 은혜

김송배

1980년대 초반, 열사의 '심상해변시인학교'에서 선생님은 초대시인으로, 나는 담임시인으로 처음 만났다. 그때 지방 초등학교 전체를 빌려서 개설한 여름 시인학교는 박동규 서울대 교수가 이사장, 황금찬 시인이 교장, 김광림 시인이 교감, 이명수 시인이 교무주임을 맡고 『심상』 출신들이 각반 담임시인으로 200여 명의 독자들과 여름 해변의 낭만을 만끽하면서 시와 인생을 교감하는 축제에서 선생님을 우리 반 초대시인으로 모셔서 문학 강의를 들었던 것이 끈끈한 우정으로 발전하였다.

그 후에 『월간문학』 출신들의 모임인 '미래시인회'가 주최하는 전국 투어의 시낭송회와 문학강연회, 문학기행에 선생님과 동행하면서 자연스럽게 미래시인들과도 교감하게 되었고 특히 조병화, 박태진, 김영태 선생님을 비롯한 감태준(당시 『현대문학』 주간), 유한근(문협 사무국장), 윤석산(제주대 교수), 허형만(목포대 교수), 차한수(동아대 교수), 정성수, 김남환, 김현숙, 박종철 시인들과도 친분을 유지하게 되었다.

나는 아직 문단의 초년병으로 한국문인협회와 한국시인협회 그리고 국제펜한국본부에 입회를 주선해주어서 전국 문학행사에 동참하게 되었는데 특히 대만에서 개최된 '아시아시인대회'에 동행하여 처음으로 외국여행의 행운도 열어주셨다. 박태진 선생님과 우리 일행은 일본 동경까지 동행하여 난생처음으로 일본의 풍광도 만끽하였으며 그 후에도 선생님과 문협 해외세미나로 중국 상해, 북경, 백두산을 거쳐서 카자흐스탄 알마타와 러시아 쌍트베르테부르크, 모스크바 그리고 자동차로 체코의 프라하, 헝가리의 부다베스트, 독일의 베를린 등을 여행하면서 나를 극진히 챙겨주셨다.

또한 그 후에 어느 단체에서 '금강산 뱃길 시낭송회'에 선생님과 함께 초청되어 최초로 방문하는 북한땅 금강산행에 동승한 선실에서 지내면서 온정각, 구룡연과 만물상을 돌아보고 곳곳마다 붉은 글씨로 새겨놓은 그들의 구호에 쓴웃음을 삼킨 일도 있었다.

또 하나 선생님을 영원히 잊지 못하는 일은 내가 어느 개인 출판사에서 힘들게 근무하는 것을 보고 당시 예총회장 조경희 선생에게 소개하여 직원으로 근무할 수 있도록 배려해주신 자상함은 언제나 존경의 대상으로 지금까지도 그 은혜를 잊지 못하고 있는 것이다. 더구나 선생님은 한국문인협회 시분과회장과 부이사장, 이사장, 예총부회장을 재임하면서 예총회관 한 건물에서 매일 뵙게 되어 자연스럽게 교분을 더욱 공고하게 교감하게 되었고 당시 문단의 대 어른들 김동리, 조병화, 김시철, 황명, 전숙희 선생을 비롯한 많은 문인들과의 교류도 이루어졌다.

나는 선생님의 작품에 심취하게 되었다. 첫시집 『奧地行』은 절판이 되어 선생님 보관본을 빌려 복사를 해서 탐독하면서 「奧地에 켜진 등불- 시인 尙南」 제하에 다음과 같은 시 한 편을 썼다.

오랜 가뭄을 적시는
보슬비는 향그럽다
시든 풀꽃 쓰다듬는
따사로운 손 끝에
한 권의 복음서가 펼쳐지면
멀리서 혹은 곁에서 들리는
둔탁한 음절도 녹아 흐르고
오지에 비 젖는 날
숨 막히는 어린 자벌레들
그의 부드러운 정원에서
넉넉한 사랑을 손질하고
젖은 마음들을 말린다

순백의 깃 드리운 찻잔 속에
일렁이는 멋 가득 채우고
아, 내 마음 끝간 데를 몰라
더듬어 보는 언어들
저만큼 앞서 걷는
그림자만 따라 가느니
쌓인 어둠 속 우리들 사랑을 위해
시를 위해
오지를 밝힌 저 등불.

그 후에 발간한 시집(현재, 내가 보관하고 있음) 『공원 파고다』, 『산조』,

『복사꽃제』, 『네가 없는 이 하루는』, 『혼자 부르는 노래』, 『헤적이기〉 해작이기』, 『혼자 사는 집』, 『마음의 등불』, 『봉선화 꽃물』, 『내 안 뜨거워』, 『길 밖에서』, 『반백년 나들이』, 『십삼월의 뜰』, 『여든의 하루를 사는 법』 등 20여 권의 시집을 상재하고 『우리를 슬프게 하는 것들』 등 수필집도 많이 펴내어 독자들에게 깊은 감명을 주고 있다.

상남 선생님은 항상 외모를 잘 단장하는 멋쟁이 시인으로 문단에 정평이 나 있었다. 하얀 머리카락에 눌러쓴 베레모 시인모자와 안경, Y셔츠, 목도리와 신발에 이르기까지 멋스러움을 간직하고 있었으며 이러한 외형과 더불어 해박한 지식으로 문학적인 가르침에 심취한 우리 후학들이 선생님을 존경하고 따르면서 '성춘복 사단'이란 별칭이 있을 만큼의 한국문단의 거목이었다.

그리고 선생님은 후배나 제자들과 동료들의 생일이나 집안일까지도 챙겨주는 자상한 정감이 넘치는 문단 어른으로 공경의 존재로서 각인되기도 했다. 나의 딸이 중학교에 입학했다는 소문을 듣고 예쁜 책가방을 사주면서 축하해주기도 했던 기억이 지금도 생생하다.

한편 선생님은 그림에도 일가견을 넘쳐 화가의 경지에 도달하여 틈틈이 스케치한 것들을 모아 몇 차례의 시화전도 개최하여 문단의 관심을 모은 바 있다. 나는 표구된 시화를 몇 점 구입하여 지금도 집에 보관하고 있다. 우리 문인들이 그림을 그리는 분은 그렇게 흔치 않다. 조병화 선생님과 김영태 선생님 등 몇 분이 있을 뿐이다.

언젠가 대학로에는 민주화 투쟁이란 이름 앞에 매일 최루탄이 터지고 근처 직장들이 조기에 철시(撤市)하는 상황이 계속되고 어디선가에서는 대학생 두 명이 데모 대열에서 사망했다는 소식에 선생님은 사회적이며 애국적인 정의감으로 어떤 글에서 어조를 높인 적이 있었다.

한편 한 재학생은 대모대로, 다른 휴학생은 전투경찰로 서로 대응한 위치에서 대모행렬과 진압경찰로서 불행을 맞이한 두 죽음을 두고 사려 깊은 울분으로 다음과 같은 글을 수필집에서 읽을 적이 있다.

> 한강성심병원에서 있은 학생의 영결식에 동료학생들이 헌화하는 애달픈 장면을 보았다. 가슴을 쥐어뜯는 슬픈 광경이었다. 그렇다면 군산수산대의 동급학생도 애간장을 끊는 헌화의 모습이 경찰병원의 영안실에서 연출되어 마땅할 일이다. 왜 이 두 젊은 죽음이 이같이 전혀 달라야 하는지 그 답을 얻는다면 우리의 민주훈련도 꽤나 앞선 자리에 와 있을 것이 뻔하다.

그냥 감동적이다. 또한 나는 어떤 문학단체 초청으로 '성춘복 시인의 밤'에서 선생님의 시집 『혼자 부르는 노래』에 대하여 "선생님의 순정적인 체취는 자아에서 파생되는 인식(주관)과 행위(주체)를 합쳐서 우리는 주체성이라고 한다면, 그는 '나'라는 대상에 대하여 능동적이며 실천적인 사유를 포괄함으로써 자아에 대응하는 객관성을 질감 높게 승화하고 있는 점이다."라는 어쭙잖은 논평을 해서 청중들의 박수는 물론이거니와 선생님께도 칭찬을 들은 일도 있었다.

이런 발표문은 그 이후에 발행된 김송배 시론집 『화해의 시학』에도 「自我와 對我의 주정적 화해」라는 제하로 수록하여 선생님의 작품세계를 널리 알린 바도 있다. 그래서 누군가가 '성춘복 시학'을 새롭게 정리해서 우리 후학들이 그를 기리고 탐구하는 한편 우리 한국문학사에 금자탑이 되기를 기대한다는 전언으로 글을 마쳤는데 얼마 전에 마침 박영배 시인이 평론집 『성춘복 시세계』를 발간하여 선생님의 작품세계의 전체를 자상하게 정리하여 조명하고 있어서 우리 후학들의 필독서로 남을 것으로 반가운 업적이다.

그리고 나는 고향 합천에 대한 이미지를 모아서 시집 『黃江』을 발간했는데 선생님은 이에 대한 서평을 써서 『예술세계』 잡지에 게재했는데 선생님의 시론이나 시평은 지적인 해석에 정평이 나 있기도 하였다.

> 인간에겐 생명의 모태로서의 자연, 그리고 궁극적으로는 돌아가야 할 본질적 장소로 생명의 시원을 나타내고 바로 고향의 의미를 지닌다. 거기엔 탄생의 육신적 뜻 뿐 아니라 정신의 요소도 들어 있어서 지표와 같은 원형의 뜻을 내포한다. -중략- 김송배 시인이 그의 고향, 그의 자연, 아니 그의 정신을 단순의 연작이 아닌 강한 의지와 신념으로 네 번째 시집을 엮은 이유는 바로 이런 신념의 해석에 있다고 여겨진다.

선생님은 시를 읽고 해석하는 지적인 안목이나 시를 가르치는 교훈적인 강론은 어느 대학교수보다도 탁월하다는 문단의 여론에 우리 후학들은 감동하고 있는 것이다. 이제 조병화 선생님과 김영태 선생님도 떠나버린 혜화동 『문학시대』(전 『시대문학』) 사무실을 마감하고 명륜동 사무실에서 미수(米壽)의 열정을 발양(發揚)하시는 노장(老將)으로 건강한 백수(白壽)를 향해서 오늘도 문학적인 소임에 분투하시는 선생님의 지고한 문학적인 업적과 지순한 사랑의 신뢰가 더욱 찬란하기를 충심으로 기원할 뿐이다.

묵언(默言)의 보살핌

박종철

"박종철은 사물에 대한 깊은 통찰력, 즉 애정이 시적 묘사에 성공을 주는 신선감과 명증성이 돋보였다."는, 이 표현은 1987년 『월간문학』 4월호에 게재된 내 등단 작품에 대한 심사평이다. 물론 성춘복 선생님이 심사하시고 심사평을 쓰셨다.

아마도 선생님이 내 작품이나 나에 대한 인물평을 글로 표현한 것이 이때가 처음이자 마지막이었을 것이다. 그런 만큼 사십년 가까이 사제로서 관계를 돈독히 해오면서 박종철이라는 사람을 다른 말이 필요없이 신뢰해주시고 챙겨주시고 아껴주셨다.

중국 한나라 때 유향(劉向)이 편찬한 설원(設苑)이라는 설화집에는 증자(曾子)와 그의 제자 공명선(公明宣)의 관계를 보여주는 설화가 실려 있다. 잘 알려진 대로 증자는 공자의 제자요 증자의 제자 중에는 공자의 손자인 자사가 있고, 맹자가 자사의 제자로 알려져 있다. 공명선은 그런 유가의 법통을 이은 증자에게 학문을 배웠으나 3년이 다 되도록 익히지를 못하고 있었다. 이에 증자가 물었다.

"선(宣)아! 그대는 나의 문하에 들어온 지 3년이나 되면서 제대로 배우지를 못하니, 무슨 연유인가?" 공명선은 이렇게 대답했다.

"어찌 감히 배우지 않겠습니까? 저는 선생님을 뵙건대 궁정에 계시거나, 집에 계실 때에도, 개나 말에게조차 꾸짖는 소리가 이르게 하는 것을 본 적이 아직 없습니다. 저는 선생님의 그런 모습을 매우 좋아하지요. 그러나 배우기는 하지만 따르지는 못하고 있습니다. 또 선생님께서 손님을 맞이하실 때에는, 공손하고 검소하게 대하시어 허술함이 없었습니다. 저는 그런 모습을 매우 좋아하지요. 그러나 배우기는 하지만 실천하지를 못하고 있습니다. 그리고 선생님께서 조정에 나가시면, 아랫사람에게 엄하시지만 그들을 상하게 하지 않으시니, 저는 그런 모습을 매우 좋아하지요. 그러나 배우기는 하지만 실행하지 못하고 있습니다. 제가 드린 이 세 가지는 배워도 실행하지 못할 뿐, 어찌 감히 배우려 하지도 않으면서 선생님의 문하에 있겠습니까?"

연암 박지원은 증자와 공명선의 이런 관계를 두고, "스승의 일거수일투족을 보고 배우는 것"이라면서 배움의 자세에 대해 칭찬을 아끼지 않았다고 한다.

내가 연암이 칭찬한 옛날 설화를 들고 나온 것은 이 설화에서 공명선이 보여주는 스승으로부터의 배움의 자세에 비추어 나는 무엇 하나 내세울 것이 없다는 점을 반성해보고자 함에 있다.

공명선은 3년이라는 세월을 두고 스승의 일거수일투족을 배우며 깨달음의 경지에 이르렀다고 할 수 있겠으나, 나는 삼십 년을 넘어

사십 년 가까이 신뢰하고 보살펴 주신 뜻에 제대로 따르지도 실행하지도 못하고 있었구나 하는 부끄러운 모습을 발견하게 되었기 때문이다. 내 근기(根機)와 노력의 부족함을 탓할 밖에는 없어 보인다.

나는 선생님의 근작 시집 『여든의 하루를 사는 법』의 책 끝에 「상남 선생님과의 인연설화적 감상문」이라는 졸문을 올린 바 있다. 여기에서 선생님과의 필연적인 관계를 비유적으로 표현한 부분이 있는데 그 내용은 이렇다.

"어쩌면 나는 상남 선생님의 『그림자놀이』에 드리운 느티나무의 한 작은 가지 끝에 매달려서 간당간당 동행해오지 않았나 하는 생각이 들기도 한다. 그 그림자놀이의 '침묵으로 이해해온 완벽한 세계'와 의문으로 남는 나의 '침묵 속의 본래 자리'에서 무엇인가 의미 있는 인연의 그림자를 감지한다면 그 간당간당한 동행의 흔들림이 '천진한 영원성의 몸놀림'이 아닐까 하는 어설픈 상념에 젖어보기도 한다."고 한 부분이다.

글이나 말로서 표현하지 않고 묵묵히 신뢰해온 관계를 '침묵 속의 본래 자리'에서 말없이 소통하는 '천진한 몸놀림'으로 모든 것을 말해준다고 할 수 있다. 이런 묵언의 소통이 있었기에 부지불식간에 몸에 밴 배움이 있었다는 것을 생각하면서 그나마 일말의 위안을 삼는다.

상남 선생님과 나와의 인연에 대해서는 고희 문집 『공책』에 대략을 밝혀 놓았다. 여기에 다시 되풀이 하는 것은 번거롭게 보일 것으로 생각되어 생략하기로 하고, 선생님과 내가 단둘이 다녀왔던 미국 여행담 하나를 간략히 소개할까 한다.

1999년, 곧 세기말이요 20세기 마지막 봄날이었던 것으로 기억된다. 미국 로스앤젤레스에 거주하는 김문희 시인이 상남 선생님을 초대해서 숲속의 워크숍을 개최했을 때 나를 동행자로 초청해 주었다. LA의 근교에 위치한 울창한 숲 속에 마련된 쾌적한 장소에서 이곳 교포 문인들이 다수 참석한 가운데 선생님의 문학 강연과 질의응답이 한 시간 가까이 진행되었고, 나 역시 간단하게나마 문학인생에 대한 소견을 발표한 바 있었다.

이때 워크숍을 마치고 산타모니카 해변으로 가서 해물 요리로 미각의 호사를 누렸던 기억이 생생하다. 특히 큼지막한 털게를 나무망치로 두드려서 속살을 빼먹었던 이색 체험이 간혹 해변에 갈 때마다 생각이 나곤 한다. 로스앤젤레스 행사를 마치고 오대호변의 거대도시 시카고로 가서 이곳의 호반 풍경과 번화가의 경관을 낯설음으로 눈여겨보고, 시카고 교외의 한적한 곳에 자리 잡은 저택(선생님을 초청한 지인의 집)에서 환대를 받으며 하룻밤을 편안히 쉬고 여독을 풀었던 기억도 잊을 수 없다.

이때의 여행 경비 일체를 상남 선생님이 마련하셨고 나는 무임승차해서 달나라까지 갔다온 셈이다. 그뿐만이 아니라 유럽의 로맨틱가도를 낭만적인 분위기로 찬찬히 둘러보고 왔을 때도, 베트남 하롱베이의 경이로운 풍광에 감탄사를 연발하며 유람하고 왔을 때도, 나는 선생님의 전적인 배려로 가볍게 행장(行裝)을 꾸릴 수 있었다. 이런 일들이 한두 가지가 아니었다.

이제 나도 노년에 접어들고 있어서 오랫동안 선생님의 보살핌을 받아왔던 은혜로운 에피소드들이 망각의 강물에 묻혀가고 있다. 그런 세월의 무상함이 안타까운 중에도 선생님이 미수에 이르도록 평안을 누리실 수 있게 된 은총과도 같은 인연이 있었음을 말하지 않을 수가 없다.

"여든을 넘겨 살아오시면서 '의미' 있는 인간관계를 많이 맺어오셨지만 역시 화룡점정은 현재의 내조자를 만나 가화만사성을 이룬 일이 아닐 수 없다."고 나는 『여든의 하루를 사는 법』의 감상문에 소감을 밝힌 바 있다. 선생님이 미수에 이른 오늘의 시점에서 보았을 때 그와 같은 소견은 더욱 의미를 가중시킨다. 아무쪼록 지금이 백세 시대이니 만수무강 하셔서 편안하게 장수하시길 기원한다.

모교의 문학적 자부심 성춘복 선배

유자효

상남 성춘복 시인은 나의 부산중학교 11년 선배님이시다. 부산의 수재들이 진학했던 부산중학은 학생들의 학업 성취에 치중하는 학교였다. 따라서 공부 잘하는 학생들을 길러내 좋은 고등학교에 진학시키는 것이 지상 목표이기도 했다. 따라서 성춘복 선생은 내겐 문단에서는 드문 중학교 선배님이시다.

나는 대학 졸업 전에 KBS기자로 취업을 했고 무척 바쁜 기자 생활을 보냈다. 내가 문단과 관계를 갖게 된 것은 SBS로 직장을 옮기고 간부가 되어 개인적 시간을 좀 갖게 된 50대에 이르러서였다. 나로서는 늦은 귀향과도 같은 것이었으며, 그런 연유로 성춘복 선배와도 늦은 상봉이 이루어졌다.

선배님께서는 나를 무척 반기셨다. 부산중·고 출신 문인들의 작품집을 내시면서 내게 연락해 작품을 보내게 하셨고, 선배님께서 내시는 문예지에 나의 특집을 실어주기도 하셨다.

선배님은 부산중·고에서 배출한 유일한 한국문인협회 이사장이

시다. 그만큼 모교 출신 문인들을 대표하는 상징성을 갖고 계신 분이다. 나는 선배님께서 천상병 시인이 행방불명됐을 때 『새』라는 시집을 내서, 천 시인을 찾는데 주도적인 역할을 하셨음을 알게 되었다. 나는 모교 동창회에서 초청 강연을 할 때나 동문들 모임이 있을 때면 이런 이야기들을 자랑스레 들려준다. 우리 모교가 결코 학업에만 치중하던 서생들의 집합체가 아니라는 뜻에서다.

선배님을 뵌 지가 오래되었다. 한 번은 선배님의 작품을 신문에 소개하기 위해 전화를 드렸더니, 부인께서 대신 받으시며 '편찮으시다'는 말씀이었다.

나는 선배님으로부터 과분한 사랑을 받았다. 그러나 제대로 보답도 못한 채 시간만 보내고 있다. '내리사랑'이라는 말이 있듯이 아무래도 내가 받은 사랑을 후배들에게 돌려주어야 하나 보다.

100세 시대라고 하는데, 성춘복 선배님께서는 이제 미수시다. 부디 건강하시길 빈다. 그리하여 모교 부산중학교의 문학적 자부심의 표상으로 후배들과 오래 함께하시기를 기원한다.

만능 신사, 상남옹

김 원

상남 성춘복 시인의 미수를 맞아 진심으로 축하를 보내면서 무궁한 행복을 기원한다.

2010년 어느 가을 아침이었다. "김선생, 여기서 시낭송과 음악회를 열면 좋겠어." 상남 부부는 우리 집 만송헌고택에서 하룻밤을 머물고 떠나면서 지나가는 말로 한마디 툭 던지고 갔다. 촌철살인, 나는 그 말에 꽂혔다. 그날따라 앞산 허리를 감고 내려온 환상적인 안개가 골목 솟을대문을 싸고돌더니만, 떠날 줄 모르고 있었다. 상남은 여기에 취해 스케치를 하더니만 다녀간 기념으로 몇 장을 주고 갔다.

300년이나 긴 세월을 이고 온 이끼 낀 골기와에 운무가 보기에도 고풍스러웠던 모양인지, 그의 말 한마디는 긴 여운을 남겼다. 초저녁 앞산 달을 불러와 마당에서 풍악을 울리고 시를 낭송하면 멋진 추억이 될 걸로 보여 나는 그냥 넘어갈 수가 없었다. 원님 덕에 나팔 분다고 선무당이 멍석을 깔았다. 그때까지만 해도 시낭송회나

고택음악회를 구경도 못한 무식한 내가 판을 벌였더니 주위에서 걱정 반 기대 반이었다.

사실은 그렇기도 했다. 나는 미국에 살면서 봄가을 잠시 고향에 와서 언젠가는 완전 귀국하면 살려고 옛집의 이것저것 손을 보고 있었으니 무엇을 믿고 판을 벌였을까. 믿는 구석은 상남 부부였다. 상황은 잘 굴러가 상남이 점지해준 대로 '작은 뜰 음악회'를 다섯 번이나 열었다. 지금 생각해도 이것은 전적으로 상남 부부의 도움이 없었으면 불가능한 거의 기적에 가까운 일이었다. 그때마다 원로시인 섭외며, 초청장 인쇄 등 하나에서 열까지 그들이 도움을 안 준 것이 없고 우정 원거리임에도 두 분은 서울서 내려와 자리를 함께 하면서 시낭송회를 빛내 주었다. 상남이 자작시 「세심정에 부쳐」를 낭송하고 우희정은 김소운의 「도마소리」를 낭송했다. 그리고 음악회 때마다 이범찬 수필가(성균관대학교 명예교수)와 정연순 시인을 대동하고 와 자리를 빛내 주었으니 그 성의와 우정을 잊을 수가 없다.

상남 성춘복(尙南 成春福) 시인과는 그 후 자주 만나면서 알게 된 사실이지만 그는 '만능의 신사'다. 매너 좋고, 예의 바르고, 재능이 남달라 못하는 게 없다. 입고 다니는 옷은 명동 멋쟁이가 부럽지 않고, 거기에 남보다 시를 못 쓰나, 재치 있는 글은 어떻고, 그림 스케치는 프로급에, 화가 빰치는 수채화 솜씨, 목각은 장인급에, 여기에 남부러운 연애 실력까지. 부러운 게 한두 가지가 아니다. 이 모든 게 그의 피나는 노력이 함께했기에 가능했었다.

그러고 보니 상남은 속된 말로 백 년에 한 번 정도 나올까 말까

하는 백사(白蛇) 같은 존재다. 하나님은 공평하지도 못하지, 어찌 그 모든 재능을 한 사람에게만 몰아 주셨는가 투정도 해 본다. 그렇다고 아무나 그런 재주를 범접할 수 있는 노릇이 아니다. 그것은 그가 타고난 천부적 재능이다. 참으로 복도 많지, 나는 그저 먼 데서 그를 지켜보고 있을 뿐이다.

나 혼자만의 생각이지만, 그의 호가 尙南인 것은 상주에서 태어나(尙), 경상남(南)도 부산에서 성장했기 때문이 아닌가 싶다. 그렇다고 본인에게 물어본 일은 없다. 하지만 예부터 상주는 걸출한 인물을 많이 배출한 명당이라 그 역시 상주가 낳은 명사임은 틀림없다.

그런 명사를 내가 안 것은 거슬러 올라가 1955년 휴전 후 명륜동 대학시절 때다. 같은 학번으로 입학을 해 매일 캠퍼스에서 옷깃을 스쳤을 법했지만, 학과가 달라 인연이 당치 않았다. 그러나 그는 입학과 동시에 남달리 뛰어난 문재로 이미 많은 이들의 선망의 대상이었다. 그 선망의 한가운데 나도 끼어있었다. 나는 대학신문을 통해 활동하던 윤병로 문학평론가와 그의 시에 접근했지만, 내 글 수준은 그의 그림자를 좇는 정도였다. 그럴 수밖에 없는 것이 그는 글쟁이를 길러내는 국문학과에 다녔고, 나는 문사들과는 아무 상관이 없는 건달들이 모인 정치학도로 변방에서 허우적거리고 있었다. 어찌 보면 그는 벌써 일반 학생들에 비해 조숙했고 앞서간 지혜로운 학생이었으니 당연했다.

세월이 많이 흘렀다. 우리 둘 동기생이 생전에 인사도 나누지 못하고 손도 한번 잡아보지 못한 체 그냥 염라대왕에게 직행할 뻔했는데 그래도 천우신조가 도왔던지 서로 가는 길이 달라 거의 반세기나 지나 2000년경에 다시 만났다. 나는 학부를 졸업하자 곧장 미국으로 건너가 도시계획을 전공하고 대학에서 정년하고 나니 젊었을 때 로망을 잊을 수 없어 문단을 기웃거렸다. 운 좋게 월간 『수필문학』으로 등단을 하자, 어느 해 내가 개성공단 기공식에 다녀와서 쓴 북한의 인상기 「거꾸로 본 자화상」에 상남이 그림을 그려 잡지에 실어 주었다. 물론 출판사의 편집기획물이겠지만, 나로서는 행운이자 놀라웠고, 당황했다. 학창 시절에 먼발치에서 구경만 하던 친구를 이런 지상을 통해 다시 만나다니 가슴이 뛰었다. 그는 과연 나를 알고나 있을까. 궁금했고 그를 만나보고 싶었다. 그 다리를 놓아준 이가 우희정 수필가였다. 등잔 밑이 어두운 꼴이었다.

피천득은 "어리석은 사람은 인연을 만나도 모르고 보통사람은 인연인 줄 알면서도 놓치고 현명한 사람은 옷깃만 스쳐도 인연을 살려낸다."고 했다. 나는 상남과의 인연이 그냥 굴러온 인연이 아니다. 통성명이 늦었다 뿐이지, 우리는 전쟁이 휩쓸고 간 빈곤과 상실의 시대에 한 솥에 밥을 먹고 공부했으니 인연에 더해 필연이 아닐까. 마른 가지에 불이 붙듯, 우리는 빠른 속도로 친해졌다. 아내 우희정 수필가가 소소리 출판사를 열 때 초청해 주어 축사를 했고, 그 역시 여러 번 안동 고택에 다녀가기도 했다. 평창에서 제자를 가르치고 계신 김시철 원로시인 집에 가서 산수국을 얻어와 만송헌 고택 정원에 심어 주기도 했다. 양평 전원주택에 살 때 우리 집에 두 분을 초청하여 오찬을 함께해 부부끼리도 친하고, 그가 건네준 소품들이 고귀한 인연을 뽐내듯 내 서재에 자리하고 있다.

오대양 육대주를 주름잡고 다녔던 역부역강하던 상남도 세월을 비켜 갈 수가 없다. 아무리 나이는 숫자에 불과하다고 하지만 구십을 코앞에 둔 미수는 적은 나이가 아니다. 오늘날까지 후회 없이 멋지고 화려한 삶을 살아오면서 주위 많은 사람들에게 베푼 사랑을 어찌 잊을 수가 있을까. 참으로 영원할 것 같고, 무한할 것 같은 인생이 어이없게도 지나고 보니 찰나인 것을 왜 서둘러 여기까지 왔는가. 좀 더 느리게 올 수는 없었는가. 안타깝다.

우리는 지난 3년간 코로나 역병 때문에 만나지도 못하고, 밥도 함께 먹지 못한 채 비대면의 시대에 고생하고 지냈다. 가끔 전화로 목소리를 듣고 안부를 전하며 궁금증을 풀었다. 이러다가 몇 번이나 더 만날 수 있을까 걱정이다. 한양 천리 길이 가로막혀 가지는 못하지만 멀리서나마 상남 성춘복 선생의 미수를 다시 한 번 축하드리고, 두 분이 함께 100년 해로를 하길 바란다. 2011년, 그가 우리 집 첫 고택음악회에서 낭송한 자작시 「세심정에 부쳐」를 한번 읽어 보자.

세심정에 부쳐

- 성춘복

활짝 문을 열어
안 보이는 것도 찾게 하고
눈 감아도 거기 엄연한 세월로

우리를 머물게 하거니

좋은 비 한 번이면
시원한 눈도 맑게 하고
솔바람 두어 차례로
들숨과 날숨의 목숨 고르게 하는

아, 내 고향 땅의 편안함이여
고요를 엮어 겨웁기 한량없는
형상의 마음까지 자유롭게
그대는 외딴 세심정(洗心亭)*이거니.

*세심정: 내가 고향에서 쉬는 자그마한 정자이다. 옆에는 400년의 석간수 옹달샘에서 물이 흘러 연못을 이루고 있고, 그 물이 흘러 반변천을 거쳐 낙동강에 합류해 부산까지 흐른다. 이 정자에 상남의 시가 걸려있어 우리 집을 빛내 주고 있다.

둥실 두둥실 꽃 시(詩) 놀이

- 상남 성춘복 선생님의 미수 맞으심에

김선진

남녘 바다 마파람에 영글어진 시심
여든여덟 꽃 대궁
마디마디 굽이굽이 피워 올라

짓물러진 그리움 눈 틔울 때마다
얽힌 넝쿨 잎 따라 엮어 오르고

외로움의 소나기 젖을 때마다
한평생 다져 온 외길 수만리

더러는 세상의 참사랑에 목이 마르고
더러는 세상의 시린 등에 쌓인 무게로

무엇이든 이루고야 마는 그 많은 재능과
누구도 따를 수 없는 무한한 감성으로

어느덧 붉은 노을 가득한 봉우리에 오르셨네

이제 오로지 그윽한 사랑을 위하여
둥실 두둥실 너른 세상 밭을 향해
오색 찬란 어우르는 꽃 시(詩) 놀이 하며
부디 만세 동락 누리시옵소서!

선생님과 나

김정원

아파트 단지 안 내 창문 아래에 있는 나이든 감나무는 긴 장마에 몹시 두들겨 맞고도 어린 열매 주렁 달고 튼실하게 잘 키우고 있어 감사했다.

문득 미수(米壽)의 선생님 생각이 떠올랐다.

대학교 재학 시절 조간(朝刊) 『조선일보』인지 『한국신문』인지에 가끔 '시'를 만날 때 '성춘복'이란 시인 이름이 '시'보다 눈에 들어왔다. 여성 같아서 더욱 곰곰이 음미하며 선망의 대상이 되었던 기억이 난다.(그 당시 나의 꿈은 대학교수, 시인, 기자였기에)

대학 졸업 후 바로 中高교사와 아들 삼총사 엄마의 나날은 현실에 급급 열중했다. 어느새 그런 꿈은 희미해진 무지갯빛이었다.

만남: 정신없이 달리다 문득 '이대로 살아갈 건가' 생각 끝에 만학을 결심하고 대학원에 입학했다. 학습신경이 우둔해진 터라 젊은 학생들에게 지지 않으려 분발한 세월이 흘렀다. 1980년대에 명지대

와 성균관대에 강사로 출강하는 새로운 출발이 시작되었다.

출강한 첫날 교수 휴게실에서 몇 교수님들께 인사를 나눌 때 成선생님을 처음 만나게 되었다. 초면의 안면 인사였지만 우연찮게 쉽게 만남이 참 기뻤다.

교내는 수시로 매연가스로 그득한 데모시절, 하루는 데모 덕에 휴강이 되고 말았다. 허탈감에 멍멍해 우린 서로 말없이 귀가해야 할 때 Y여교수가 자기 집에서 다과라도 나누자며 권했다. 成선생과 나는 뜻밖에 함께 동행했다.

한적한 넓은 뜰을 바라보면서 자유로운 대화는 시간 가는 줄 모르고 얘기에 꽃피운 하루였다. 그날 이후 가슴 밑바닥의 옛 꿈이 꿈틀거렸다.

대학학보『연세춘추』에 두어 번 시를 올려본 후 30여 년간 짙으게 녹쓴 칼이 몸살을 하면서 겨우 두 편을 가지고 주저 끝에 선생님을 찾아뵈었다.

당초 칭찬은 추호도 바라지 않았던 대로 선생님은 자세한 설명없이 좀 엄한 표정의 차가운 목소리로 "좀 잠재워야겠어요." 고통없는 성장 없이 고통을 통하지 않고 좋은 '시'를 쓰려고 하느냐는 듯, 내 허영심을 심히 때리셨다.

시간에 맞서는 긴 투쟁이 있어야함을 일깨워주셨다.

고개 숙인 채 돌아온 나의 좌절감을 아시곤 줄곧 격려와 응원을 아끼지 않으심에 감사하면서 5년이 지난 후 그간의 작품을 모아 엮어봐도 될는지 욕심을 감추고 방문했을 때 엄청 반가워하시며 손수 따끈한 차를 마련해 주셨다.

작품을 두루 곰곰이 살피시곤 몇 분류 후 마무리까지 해주신 건 곧 출판허가임을 알았다.

부족한 정보와 오해: 그런데 출판사를 몰라 헤매다 물어물어 '文學社'에서 첫 시집을 발간했다. 얼마 후 나중에사 선생님의 '도서출판 마을'이 있다는 것을 알고 가슴을 쳤다. 선생님의 큰 실망과 분노를 생각하면서 바로 뛰어가 자초지종 말씀드리고 싶었으나 망설였다.

구질구질한 변명으로 듣지도 않으실 것 같았기에, 본의가 전혀 아니어도 부족한 정보는 나의 우직함이었고 돌이킬 수 없게 됨엔 정답이 없으니 다만 언젠가는 진심이 통하기 간절히 기원했다.

배움: 항상 일에 몰두하시는 근면과 성실한 모습을 보면서 촌음도 아끼시는 걸 깊이 배웠다. 제자답게 묵묵히 시작(詩作)에 열심하려 노력하며 제2시집과 3시집을 '마을'에서 출간하게 되었을 때 선생님은 마음 기울여 만들어주셨다.

감사: 늙어보니 지난날 일들이 자주 추억이 반복된다. 세계시인대회에 참석차 일본 여행시 내 무거운 가방을 이동할 때마다 들어주신 거며 해외여행을 자주 가셔도 가시는 곳마다 바쁘신 중에도 그림엽서를 늘 보내셨다.

소품(小品)이래도 기념이 될 만한 거면 챙겨 보내주실 때 난 큰 기쁨을 만지며 또한 배움이 컸다. 아름다움을 보시는 눈과 삶의 멋과 의미와 그 가치를 깊이 생각게 해주셨다.

좋은 인연으로 선생님 덕에 '시'의 길을 열심히 걸어왔다. 말없이 품어주는 산같이 든든했다. 이제사 늦게나마 진심으로 감사를 올리며 앞날의 은혜와 평강하심을 기원한다.

내가 아는 성춘복
- 88 혜안

김규은

키 높아 두루 잘 보이시는지
벅차 주저앉는 사람
손잡아 올리고
늘품 있어 밝은 사람
음보 맞추어 청아하게
뛰는 사람 넘어질세라
엇박자로 보폭 다스리며
웃는 듯
모르는 듯
그렇게
88 혜안
백발의 갈필
천수보살 여기 계시네.

부석사운(浮石寺韻)

- 성춘복 시인을 노래하다

김 종

허공을 날개 치는 나무들
문 바른 산모퉁이 사뭇 밝아서
오리새끼 닮은 산들이
우르르 노을강에 뛰어 든다
물이 물이 너무 좋아
뗏목 위에 띄워 보낸
돌탑처럼 외로운 멧부리는
너와 나의 웃음소리
저어 저어 꽃 피어난
구름은 또 다시 오고
바야흐로 세상이 넘칠 차례다.

거대한 상남 나무의 그늘 아래서

최원현

상남(尙南) 선생님께서 미수(米壽)시란다. 살아오신 삶의 나이테가 여든여덟이니 장한 삶만큼이나 참으로 어려움이 많던 시대와 세월을 사셨음이다. 일제강점기에도 10년이나 사셨고 해방이 되어 새로운 세상을 만나셨어도 1948년 정부수립 후 6・25(1950), 4・19(1960), 5・16(1961), 10・26(1979), 5・18(1980), 천안함 침몰(2010), 세월호 침몰(2014), 대통령 탄핵(2017), 코로나19 사태(2019) 등 참으로 엄청난 간난의 세월과 시대를 사신 선생님이시다.

그래서일까. 평소에 선생님을 뵈면 거대한 나무를 보는 것 같았다. 그 많은 사건 속 풍상의 삶을 살면서 만일에 선생님께 시가 없었다면 그걸 다 이겨내고 견뎌내실 수 있었을까.

가끔씩 뵌 적은 있었지만 내가 선생님과 제대로 만난 것은 1987년에 한국문화예술진흥원이 덕수궁 석조전에 문예강좌를 개설하면서였다. 그때 상남 선생님과 경희대 서정범 교수님이 시와 수필 강좌를 해주셨다. 그런데 처음에 시로 출발했던 내게 서정범 교수님의 수필강좌에서 나를 먼저 수필 쪽에 앉혀버리는 바람에 상남 선생님과의 만남이 멀어져 버렸다. 그때 시 강좌 내용보다 어떻게 사는 것이 바른 삶 좋은 삶인지를 말씀해 주셨던 것이 더 인상 깊게 남는다. 특히 매년 집을 줄여 세계 시인대회에 맞춰 그 전후로 여행을 하신다는 말씀에 전적으로 공감하며 도전을 받았고 나도 그렇게 해야겠다고 마음에 다지기도 했었다.

선생님은 1936년 경북 상주에서 태어나서 1959년 스물셋의 나이로 『현대문학』을 통해 등단을 하셨다. 돌아가신 강민 선생님이나 김시철 선생님 그리고 권용태 선생님으로부터 상남 선생님 이야기를 자주 듣곤 했었다. 을유문화사, 삼성출판사 편집부장으로 계실 때 이야기도 들었던 것 같다. 난 지금으로부터 10년 전인 2013년에 내셨던 선생님의 열여덟 번째 시집의 머리말을 읽으며 가슴이 싸아해 졌었다. '살아오면서 많은 친구를 잃었다' 10년 전이니 팔순도 안 되셨을 때인데 그 말씀이 내 가슴에는 아픈 못으로 박혀왔었다. 돌 달에 아버지를, 세 살 때 어머니를, 내가 태어나기도 전에 형을 잃었고 그외 나를 사랑해줄 만한 분들을 멍하니 바라보며 다 떠나보내야 했던 나였기에 상남 선생님의 '살아오면서 많은 친구를 잃었다'는 말씀은 여느 누구도 느끼지 못할 안타까움으로 내게는 스며들었다.

어쩌면 산다는 것은 내 곁의 사람을 하나하나 떠나보내는 연습을 하다가 종국엔 나도 떠나가는 것이겠지만 살아있는 동안에는 가는 이보다 남은 이가 겪어야 할 아픔, 고통, 슬픔, 절망이 너무 커서 더 견디기 어려울 수밖에 없는 것이 아닌가.

하니 상남 선생님이 우리 곁에 이렇게 계신 것이 너무나도 든든하고 감사하고 자랑스럽다. 홀로 겪으셔야 했고 맞으셨던 그 많은 추위와 바람 덕에 우린 이만큼 덜 춥고 덜 아프게 살아온 것 아니겠는가.

내가 발행인과 편집인으로 있는 수필 전문지 월간 『한국수필』에 원로 시인님들의 시를 한 편씩 권두에 실어 나누고 싶었다. 2019년 6월호에 상남 선생님의 시 「저 돌을 보아라」를 싣겠다고 했더니 쾌히 승낙해 주셨다.

> 하루 이틀도 아니고
> 긴 세월 눌러 앉힌
> 저 돌을 좀 보아라
>
> 꿈쩍 않고 그냥인
> 부처의 무릎뼈를
> 그 딱딱함까지 살피고
>
> 서양 버터 잘 굳힌
> 어기참이야 고맙기는 하지만
> 이 놀라움을 어이할꼬
>
> 부드러움은 결코 아닌
> 너슨한 마음의 뜨거움으로
> 저 돌을 좀 찬찬히 보아라.
>
> – 성춘복, 「저 돌을 좀 보아라」 전문

어쩌면 상남 선생님의 살아온 삶이고 마음이 아닐까 싶다. 1965년 제1시집 『오지행』(예문관)으로부터 21권의 시집과 1권의 시선집, 평론집 그리고 6권의 수필집과 고희기념문집, 그 외 5권의 청소년 도서는 상남 선생님 영혼의 나이테라 할 수 있다. 최근에 박영배 교수가 『성춘복 시세계』(소소리.2023)도 밝혀주었지만 선생은 1987년 계간 『시대문학』 주간에서 1989년부터는 발행인 겸 편집인이 되셨고, 2019년 『문학시대』 창간 33주년을 맞으면서 문학시대 동인사화집 30집 발간 기념시화전 및 상남 선생을 위한 헌송회를 가진 것은 영혼의 나이테를 더욱 선명히 하는 일이었다. 또 며칠 전엔 해암 이범찬 선생님으로부터 시조를 배웠다며 500수의 시조 중 102편을 추려 『철 따라 바람 따라』란 시조선집을 엮어 상남 선생님께 봉정하셨으니 이 또한 문단에서도 보기 드문 아름다운 일이 아닐 수 없다. 상남 나무의 그늘이 아니고 무엇이겠는가.

88세 미수(米壽)의 '米'자는 '八+八'의 합성어로 농부가 모를 심어 추수할 때까지 88번의 손길이 필요하다는 뜻이란다. 그러고 보면 상남 선생님의 그런 수고하심이 우리 한국 문단을 이만큼 만드신 것 아니겠는가. 한국문인협회 이사장을 비롯 한국 문단의 주요한 책임을 감당하시면서 오늘에 이르기까지 선생님의 맑히시고 밝히시고 내어주신 길에서 이렇게 누리기만 하려니 죄송함이 앞서지만 그게 선생님이 기쁘게 선물해 주셔서 우리가 누리는 행복이 아닐까 싶다.

미수・망백・백수로 이어지며 우리 한국 문단에 더욱 큰 상남나무 그늘을 드리워 주시길 기도할 뿐이다.

상남 선생님의 더욱 건강하심과 건필을 빌고 또 빈다. 상남 선생님 미수를 진심으로 축하드립니다.

문단의 중심에 계시는 시인

류인혜

미수를 맞은 상남 선생의 생신을 축하하는 글을 쓰는 마음은 진지하다. 부디 건강하셔서 오래도록 좋은 시를 많이 지으시기를 기도한다.

개인의 인연을 쓰기 전에 먼저 1981년부터 시작된 한국문인협회와의 연관에 대해 생각한다. 조경희 이사장 대리께서 인사동 입구의 문인협회 사무실에 계실 때부터 『한국수필』의 편집이 이루어진 곳이기에 조심스럽게 드나들었다.

문인협회 부근에서 한국의 문단을 살폈다. 교과서에서 배웠던 작품을 쓴 문인들의 실체를 대하면서 문인협회 사무실에 드나들 때마다 뿌듯했다. 그곳에서 만나게 되는 선배 문인들께서도 가끔 거슬리는 점이 있으면 충언을 주셨다. 상무이사께서는 작품을 잘 쓰는 것도 중요하지만 문단의 질서를 먼저 배워야 한다며 기회 있을 때마다 선후배의 관계를 명확히 해주었다. 모든 것이 조심스럽기만 했던 때다.

당시 체계적으로 글쓰기를 가르치는 단체가 많지 않았다. 장금생 원장이 열정적으로 이끌던 여성문예원에 당대의 유명한 문인들이 초청되어 좋은 강의를 해주셨다. 덕분에 문인협회에서 만나 뵙던 분들과 안면을 트며 친분을 가질 수 있게 되었다. 엄격히 배운 대로 적당한 거리를 유지하며 열심히 인사만 했다. 문인의 자질과 위상을 먼저 익히던 시기였다.

16대, 17대 김동리 이사장께서 여성문예원에 오실 때는 문인협회 사무실로 모시러 가서 다시 배웅해 드리곤 했다. 새해가 되면 문예원 회원들이 세배하러 댁으로 갔지만 한 번도 동행한 일이 없어 그저 부러웠다.

제18대 조병화 이사장님 때 문인협회 회원으로 가입하여(1989년) 정식으로 문인협회의 행사에 참여하였다. 가슴 두근거리며 꿈에 그리던 일이 실현되었다. 제19, 20대 황명 이사장님의 두 번 임기 동안에는 상남 선생께서는 부이사장이셨다. 문인협회 행사 때마다 뵐 수 있었지만, 먼발치에서 인사만 드린 정도다. 한국문인협회 부근에서 오랜 문단 생활에 적응한 내용 중 중요한 것은 언제나 멀찍이에서 조심스럽게 대하던 분들도 내 이름과 글을 알고 있다는 사실이다.

상남 성춘복 선생께서 문인협회의 제21대 회장(이사장)으로 계시던 2000년 2월, 한국수필가협회의 제18회 '한국수필문학상'을 받았다. 등단 후 15년 만에 첫 번째 문학상을 받던 그 행사는 수필가로서 오래 잊히지 않는 감동으로 남았다. 성춘복 문인협회 이사장, 김시철 국제펜한국본부 이사장과 윤재천『현대수필』발행인 등 세 분이 축사를 해주셨다. 당시 문학단체의 수장들께서 문학상을 축하해 주신 것이다. 의례적인 순서이지만 속해 있던 문단의 가장 큰 두 단체장의 격려는 충분한 힘이 되었다. 이번 기회를 통해 다시 감사의 마음을 굳힌다.

세월이 지난 어느 날 국제펜의 행사에 참석했을 때, 상남 선생께서 "유 선생 수필집에 답을 아직 못해서 미안해요." 하셨다. 문단의 어른께 인사로 보낸 책이기에 그저 지나가도 된다는 생각을 하고 있었다. "아닙니다. 괜찮습니다." 괜히 죄송했다. 얼마 후 우편물을 보내주셨다. 원고지를 사용하여 수필집 받고 다 읽지 못하여 답이 늦어서 미안하다는 말씀과 몇몇 작품을 언급해 주셨다. '시대문학'이라는 글자를 넣어 두 가지 색으로 인쇄된 원고지와 봉투를 함께 보내주셨다. 선생의 후배 문인에 대해 사소한 일을 지나치지 않는 배려와 정중하고 격조 있는 마음이 멋졌다.

원고지는 아껴가며 사용하다가 원고를 종이에 써서 우편으로 보낼 기회가 적어지자 고이 보관해 두었다. 이번 기회에 그 남은 원고지를 찾아내었다. 함께 보내주신 봉투도 여러 곳에 요긴하게 쓰였다. 손녀에게 용돈을 담아주거나 다른 문인께 축하 때는 사연을 적어 보내기 좋도록 줄이 있어 사용하기 편했다. 얼마 전 마지막 봉투를 사용하며 아쉬워했던 일이 떠오른다. 한 장쯤 어디에 두었을 것이라 여겨 어느 때 잊은 듯 찾아내면 정말 반가울 것이다.

어느 땐가, 가깝게 지내던 한국수필작가회 초대회장이신 주영준 선생께서 『시대문학』에 연재를 했었다. 한글에 관한 내용이라고 생각한다. 가끔 원고를 전하기 위해 상남 선생을 만났던 이야기를 하셨다. 또 '서울 · 문학의집'에 관련된 일로 선생의 말씀을 가끔 했기에 든든한 문단의 어른으로 새겨졌다.

상남 선생께서는 시인이시다. 고상한 내면으로 좋은 시를 쓰신다. 또 쉽게 그리는 듯하지만, 그림도 수준급이다. 수필가에 대해서는 크게 관심이 없었는데, 그 마음이 '수필의날' 행사에 참여하면서 사라졌다는 풍문을 들었다. 끝까지 연결의 끈을 놓지 않고 친분을 유지하던 주영준 선생을 만나러 가는 일을 행사 버스 안에서 이야기했는데 그 작은 이야기로 인하여 수필가들의 인성에 대해서 다시 생각하게 되었다는 좋은 내용이다. 좋은 일은 심성이 건강해야지만 가능하다. 선생께서 긍정의 눈으로 수필을 바라보게 된 것은 수필가 아내의 아름다운 내조를 받은 덕이라는 생각이 든다.

사람과 사람 사이는 하늘이 이어준다. 그 귀한 인연의 흐름을 아무도 짐작할 수 없다. 어렵기만 했던 문단 대선배님의 미수 생신을 이렇게 공개적으로 축하할 것이라고는 생각지 못했다. 기쁘고 감사한 일이다.

『문학시대』의 연재 글(류인혜의 책읽기)이 좋은 결과를 가져온 것이라 여긴다. 문인은 글로써 자신의 존재를 나타낼 때 힘을 얻는다. 그 일에 대해 우희정 발행인에게도 깊이 감사한다. 상남 선생의 미수를 축하하며 두 분이 늘 행복하길 기도한다.

미수기념 문집 출간을 축하하며

- 시인 성춘복 선생님의 시와 그림이 있는 풍경

심상옥

시인 성춘복 선생님의 미수기념 문집 출간을 진심으로 축원하며 남은 생애 동안 더욱 건강과 행복한 삶을 영위하시기를 기원합니다.

멋지게 살아온 지난 세월도 함께 시인으로서의 문단 활동도 빛납니다. 한국문인협회 이사장 비롯하여 수많은 시집을 상재하여 우리 문인들의 실금을 올린 원로 작가입니다. 또한 시인으로서의 경륜에는 달관의 경지에 이르러 범상을 초월하는 시와 그림이 있는 풍경을 선보이는 선구자이기도 합니다.

성 선생님의 심저에는 시인 사랑에서 삶의 지혜를 심도 있게 탐색하는 지적인 사유(思惟)가 포괄된 언어 예술인입니다. 다양한 체험의 정서가 중심으로 형성하고 있습니다. 미수를 맞는 시전집은 시인과 화가로서 한 생의 집념으로 결실된 시집입니다. 성 선생님께서 풍겨오는 황혼이 우리의 삶에서 느낄 수 있는 아름다운 한 생애의 찬란한 결집입니다.

성 선생님과 저와의 만남은 40여 년 전으로 거슬러 올라갑니다.

그때 한국수필가협회 모임에서 처음으로 상면하게 된 후, 문단의 행사로 자주 만나게 되었습니다. 특히 남다른 인연이라 할 수 있는 것은 수필가 우희정 선생님과도 친구처럼 가깝게 지내왔습니다.

예로부터 문필에 뛰어난 작가는 글뿐만 아니라 그림, 미식에도 비상한 재주를 지니고 태어난다는 말이 있듯이 성 선생님을 보면 그 말이 맞는다는 생각이 듭니다. 이제 미수를 맞는 성춘복 선생님에게도 남은 날들이 꽃빛 환한 봄날처럼 아름답고 보람찬 세월을 보내시기를 바랍니다. 성 선생님은 문학을 통해 예술과 인간을 잇는 매듭에서 언제나 앞서가는 문학시대의 편집인으로써 인문학적 지혜를 던져 세상을 폭넓게 보도록 하는 것이 성 선생님의 발자취라고 믿습니다. 그동안 걸어오신 문학시대의 길은 어렵고 힘들었습니다.

오늘따라 영혼을 흔드는 바람 역시 선생님의 정을 더 크게 느끼게 합니다. 평소에도 선생님은 진실과 겸손이 작품에 드러나야 진정한 시 사랑이며 시인이라고 늘 말씀하셨습니다.

성 선생님은 타고난 재능과 따뜻하고 긍정의 에너지로 넘칩니다. 자기만의 개성적인 필치와 색조도 밝고 산뜻한 화폭을 일궈냅니다. 급변하고 있는 시대 속에서 끊임없이 삶을 살아가야 하는 문인에게 어떤 지표가 필요할까요.

푸르름 더해 가는 무더위, 시원스럽게 지저귀는 산새부리가 할 말을 닫고 바람을 탑니다. 덤으로 향긋한 꽃향기까지 무슨 이야기가 이어질까요. 성 선생님의 시와 그림은 늘 공존하는 상호절충과 보완의 예술적 미감을 가졌습니다. 그리고 실용성과 예술성을 함께 하는 넉넉한 열정과 성실, 배려의 정신과 우아한 내면의 세계를 가꾸시는 예인이십니다.

한국 시문학를 이끌어 오신 원로 시인 성춘복 선생님은 현대적인 문인화로서 시와 그림이 있는 풍경도 4회 뉴욕시화전(2009년)을 가진 바 있었습니다. 꽃, 나무, 새, 바다, 동물, 바람에서 그 자연 속에 사랑의 진한 향기가 담겨서 시가 되고 그림이 됩니다. 젊은 날 꿈꾸던 그림을 그리고 자신의 시와 접목시킨 시화전에서 현대적인 문인화의 자리를 굳혔습니다. 시 작품은 자신이 직접 글씨를 쓰고 그림을 그린 나무, 달, 바다, 산, 새, 닭 등이 그림의 소재입니다.

그의 시가 있는 그림, 그림이 있는 시는 따뜻한 사랑의 향기를 안겨줍니다. 시에서도 향기가 나는 것임을 깨닫게 해주는 선생님의 모습은 어떤 의식에도 얽매이지 않은 자유로운 모습이었습니다.

삶의 모습과 사유와 깨달음을 보여주고 있습니다. 성춘복 선생님의 현대적인 문인화에서 울려오는 공존과 깨달음은 창조의 방향을 통찰하라는 가르침입니다. 우리 시 문단에 선생님이 계신다는 것은 큰 행운이 아닐 수 없습니다.

선생님, 미수를 맞으심을 진심으로 축하드리며 만수무강하시기를 두 손 모아 거듭 축하드립니다.

사물의 저편을 알려주신 선생님

김미녀

월간문학 시 창작반으로 시작된 시절이었다. 여럿이 어울려 매주 한 편씩 자작시를 나누고, 성춘복 선생님의 강의도 듣곤 했다. 꽤 오래 이어진 모임이었다. 그러다 보니 가끔 가까운 명륜당이나 성북동 쪽으로 가벼운 나들이를 나섰던 기억이 난다.

어느 날에는 가을이 담뿍 들어있었다. 우리는 떨어진 단풍잎에 혹해 저마다 색이 고운 것을 찾느라 법석이었다. 그때 지켜보던 선생님께서 구멍이 뚫리고 얼룩도 진 잎을 하나 들어 올리며 그러시는 거였다.

"이 봐요. 색깔이 너무 곱기만 하다고 이쁜 게 아냐. 얼룩도 있고 벌레의 흔적도 있는 게 얼마나 고와. 인생도 마찬가지라고."

내게는 그것이, 보이는 대로만 혹은 평범하게만 보지 말라는 가르침으로 들렸다. 그 말씀에서 나는 시인이 보는 사물에는 또 다른 저편이 있음을 읽을 수 있었던 것 같다. 그래서 그런 깨우침이 오래도록 내 시의 근간으로 남게 되었음을 잊지 않는다. 칠판에 써서 가르치시진 않아도 말씀 한마디 한마디가 모두 시론이었던 분. 손수 내려 따라주시던 블루마운틴 커피의 향처럼 남다르게 늘 그윽하셨으며, 함께 움직이는 모든 것이 시인의 면모로 빛났던 분이 성춘복 선생님이셨다.

다음 생에도
너와 함께라면
노 저어 가야 할
섬으로 그냥 멈췄으면 한다.

선생님 시 「종이배」의 한 구절이 지금 내 앞의 탁자 위에 액자로 앉아있다. 예술인으로서의 면모가 드러나는 작품, 검은 바탕에 가는 흰색의 배 세 척이 그려져 있는 시화이다. 이러하니 다시 태어나도 또 시와 함께하실 듯싶은 선생님이시다. 은발이 멋진 시인의 미수를 축하드리려 추억 속에 머문 여름날 나는 잠시 더위를 잊고 그냥 따뜻하다.

시인의 품격이십니다

최혜순

선생님을 처음 뵈올 때가 28년 전 봄 즈음이었습니다
일주일마다 꼬박꼬박 시 공부를 했고
한 달에 한 번씩 일 년에 서너 번
수년이 지난 어느 날에도
한결같은 모습으로 혜화동 그곳에 계셨습니다

언제 어느 때 뵈어도
선한 얼굴 점잖으신 모습입니다
가장 한국인 모습이면서도 영국 신사의 풍모를 지닌 분
커피향이 묻어있는 옷소매
가득한 책이 품어내는 오래된 종이 냄새가 배어있는 분

시인으로 세상을 보게 하시고
생각의 겉멋을 슬며시 내려놓고
사랑의 깊이를 헤아릴 줄 아는 지혜를 주시는 분

큰 목소리로 '어서와요' 하던 짱짱한 소리는 잦아들었지만
노래를 가슴으로 들을 수 있는 부채 장단을 맞추신
영춘화 한 송이 계시어 다행입니다

혜화동 그곳에 탈속한 시선이 계십니다
저는 옷깃이 여미고 등을 낮추어 공경의 절을 올립니다.

어느 날 문득

- 성춘복 선생님의 미수를 기리며

정재희

무더운 여름
창밖 나무들이 무성한 잎을 달고 꽃을 피우고
매미소리 요란하다

문득 뒤돌아보니
지난날들이 기억 속에서 서성인다
'도서출판 마을'을 들락거리며 시집 『춤추는 나무』를
출간하느라 분주했던 시절이며
성 선생님과 황금찬, 김시철 선생님을 비롯한 여러분들과
차를 마시며 문학에 대해 나누던 많은 대화 속
그 시절의 풍경

미래시 동인들을 추스르시며 여러모로 애쓰시던 모습 생생한데
이리 몇 십년의 흐름 따라 많이도 변해버린 세월

그동안 문단에 많은 영향과 많은 제자들을
키워내신 선생님의 멋진 모습,
행복했던 젊은 날의 추억을 반추하며
내내 건강하시기를 기원합니다.

상남 따라 삼천리

이범찬

나는 고희를 넘기고 우연히 문단에 발을 들여놓은 늦깎이 수필가다. 망백의 산마루에 올라 시조까지 쓰며 황혼 길을 즐길 수 있다는 것은 크나큰 축복이다. 그 행운은 상남 시백을 만난 덕분이다. 시조의 맛을 알게 가르쳐 주신 상남 시백의 미수를 맞아 지나온 발자취를 되돌아보자니 참으로 감회가 새롭다.

청계 화백의 권유로 『수필문학』에서 등단을 했다. 그 당시는 수필가라고는 아는 사람이 없었으니 처음 만난 수필가가 편집부의 우희정 부장이다. 친절하게 내 원고를 고쳐가며 수필 쓰기의 기틀을 잡아준 선생이다.

내가 한평생 써온 법률논문의 방식과는 너무도 다르지 않은가. 감성의 개입을 용납하지 않고, 어디까지나 객관적인 자료에 의거해서 각주를 달아가며 논리에 어긋남이 없이 자기주장을 펼쳐나가야 하는데, 몸에 밴 그 틀에서 벗어나기가 쉬운 일이 아니다. 그런데 그 틀을 깨기도 전에 우부장이 사표를 내고 새살림을 차렸으니 자연히 나도 따라갈 수밖에 없었다.

우 선생님을 찾아 새 사무실을 드나들다 보니 상남 시백을 만나게 되었다. 시를 써 보고 싶어 『시 창작의 이론과 실제』란 책을 사 보아도 시를 쓰기가 어렵다고 하니 상남 시백이 빙그레 웃으신다. 내 수필 「지팡이」를 대충 훑어보시더니 몇 마디 적어놓는다. 깜짝 놀랐다. 나는 15매를 채우느라 몇 날 밤을 지새우며 몸부림쳤는데, 몇 자 되지 않는 시가 훨씬 더 내 마음을 울리지 않는가. 언어의 마술이었다.

그때부터 시를 써보았지만 역시 쉽지 않다. 뜬구름 잡는 것 같아 손에 잡히지 않고, 어떤 시는 이해하기 어렵기도 하고, 산문인지 운문인지 구별하기조차 어려운 것도 있다고 투정을 부리니, 어느 날 시조를 써보라고 하며 시조의 틀을 일러주신다.

3장 12구의 정형성이 부자연스럽고 까다로울 수는 있겠다. 그러나 나는 틀 속에 끼어 넣는 것은 자칭 달인이니 걱정이 없다. 활판 인쇄를 하던 시대에 『상법예해』를 개정할 때마다 글자를 세어가며 집어넣었기 때문이다. 뿐만 아니라 옛 선비들이 남긴 3 4 3 4조의 시조들을 많이 배웠고, 대중이 즐겨 부르는 트로트 가요도 같은 틀의 것이 많으니 우리들의 정서에 꼭 맞는 전통적인 가락이 쉽게 느껴졌는지도 모른다. 글자의 수가 5・7・5로 엄격하게 제한되어 있는 일본의 하이구(俳句)와 비교하면 우리나라의 전통 시조가 훨씬 재미가 있고 흥겹다.

나는 시조를 쓰기 시작하면서 상남 시백을 따라 여기저기 많이도 따라다녔다. 창녕의 생태공원 우포늪, 경기도 광주 퇴촌면의 경안천 습지 생태공원, 울진의 덕구온천 등 이름난 명승지는 다 가본 셈이다. 울진의 덕구리 고개를 넘으면 배롱나무 가로수 길이 황홀한 꽃 대궐을 이루니 참으로 장관이다.

외국 여행으로는 일본의 1박 3일 도깨비 여행과 북해도 노보리베쓰 온천장이 기억에 남는다.

도깨비 여행 2일째 날이다. 첫날의 피로를 풀고 산뜻한 기분으로 하라주꾸(原宿)역에 내렸다. 몇 분 안가서 메이지신궁(明治神宮)이 보인다. 귀한 시간을 신궁 참배에 낭비할 거냐며 왼편에 있는 요요기 공원(代代木公園)으로 발걸음을 옮겼다. 녹음이 우거진 왼편 광장에는 인파가 바글바글하다. 일행 중 누군가 유명한 벼룩시장 같다고 하니 호기심 많은 도깨비족이 들르지 않을 수 있겠는가. 특히 이 공원은 젊은이들의 패션으로 유명한 시부야와 하라주꾸의 중간에 자리하기 때문에 고물뿐만 아니라 유행하는 명품이나 그럴싸한 새 상품도 나와 인기가 높다고 한다. 여성 도깨비들의 눈빛이 빛날 것은 당연하다. 우 사장은 5백 엔에 독일제 윗옷을 하나 건졌다고 좋아하고, 상남 선생은 유명작가의 꽤 비싼 목각을 아낌없이 사서 역시 팀장의 안목과 격을 과시했다.

상남 하리 손발 맞아 찾아다닌 명승지
방방곡곡 뿌려놓은 추억의 메아리
힘겨운 도깨비 여행 잊을 수가 없어라

-「추억의 메아리」

북해도 여행에서는 노보리베쓰 온천장보다도 귀로의 만세각(萬世閣) 호텔에서 지낸 하룻밤이 더 즐거웠고, 잊을 수가 없다. 돌아오기 전날 밤이었다. 노보리베쓰 온천장을 들러오다 도야고(洞爺湖) 호반의 만세각(萬世閣)에서 쉬었다. 이 호수는 북해도 최대의 부동호(不凍湖), 호수라기보다는 바다다. 둘레가 43킬로나 되니 백두산 천지의 3배나 된다. 호수 안에 큰 섬이 4개나 들어앉아 유람선이 오가니 우리도 유람선에 몸을 싣고 한 바퀴 돌아보며 주변의 풍광을 마음껏 즐겼다.

특히 밤에는 물 건너 멀리서 깜박대는 불빛이 장관이다. 새벽잠이 없는 상남 선생과 나는 약속이나 한 듯이 함께 일어나 밤을 지샜다. 따끈한 차를 나누며 어둠 속을 꿰뚫어보니 호반의 눈길이 너무도 부시다. 뽀드뽀득 소리를 들으며 걷고도 싶었지만 먼동이 트기를 기다리는 수밖에 없었다.

상남 선생은 한참 생각 끝에 시상이 떠오르는지, "눈길을 밟으려다 돌아선 북녘의 밤/ 따순 차로 속 달래며 물가를 내다보니…."라고 시조의 운을 떼며 나보고 종장을 채워보라 하신다. 갑자기 당황스럽기도 했으나 어쩌랴.

생각 끝에 "언덕 위 등불도 깨어 반갑다 눈짓하네."라고 화답을 하니 크게 만족해 하셨다. 우리는 옛 선비들이 사랑방에 모여서 탁주를 나누며 시구를 주고받던 풍류의 멋을 흉내 내본 셈이다. 즐겁고 추억으로 남는 그리운 밤이다.

날이 밝자 함께 내려가 호반의 눈 덮인 하얀 길을 걸었다. 잊지 못할 추억거리를 다지며 아쉬움을 달랬다. 상큼한 새벽이었다.

돌이켜보면 상남 선생과 우희정 선생이 기회만 있으면 세상이 좁다고 명승지를 찾아 여행을 즐기는 바람에 나도 얼결에 끼어들어 호강을 한 셈이다. 그러나 이제는 다리가 무거워져서 나들이를 할 수 없는 처지이니 어쩌랴.

다행히 나는 매달 소소리 사에 들러 외로움을 달랜다. 차를 잡아타고 가기만 하면 반겨주는 문학시대 시동인들과 담소를 하고, 상남 선생을 모시고 시공부도 할 수 있으니 얼마나 큰 행복인가. 김난석 회장이 이끌어가는 토크에서 젊은 동인들이 털어놓는 외국의 풍광과 소식을 듣는다. 지나간 추억을 되살리며 오늘을 즐긴다.

앞으로도 더 많은 추억거리를 남기며 백수를 향한 황혼 길의 노을을 상남 시백과 함께 즐기고 싶다면 겨울 나그네의 과욕일까?

상남 성춘복 시인과 나

김난석

21세기를 맞는 2천 년 9월이었다. 나는 다니던 직장 동료들에게 졸저 시집 『강변 이야기』를 나눠주고 퇴임을 했다.

감사하러 왔소
그대의 땀에 감사하려 하오
나라님이 감사하다 할 것인지 궁금해 한다오

감사를 마치겠소
감사할 일 뿐이니 감사하오
나라님도 감사하려 할 것이오

이제 감사하려 하오
그대에게, 그대의 이웃에게
그리고 감사할 감사를 기약하며 떠나려 하오.
- 졸저 「강변 이야기」 중에서

그해 가을 어느 날, 이 시집을 들고 혜화동 『문학시대』를 찾아갔다. 상남 시인이 운영하는 문학실이었다. 이제 직장에서 나와 문학생활을 하고 싶다 했더니 신작 시 아홉 편을 보내보라 하셨다.

한평생 견딘 세월 사연도 많아
목메어 가슴마다 숨이 차다네
놓아라 지난 사연 하소연하게
그대로 세월 가면 덧난단다

저고리 좁은 가슴 한숨만 가득
달님이 이웃하니 옷고름 푸네
두어라 묵은 한숨 토해 버리게
아이야 멀었으니 잠이나 자렴.

－ 신작 시 「어머니」 전문

이로 인해 시 문단에 등단하고 계간 『문학시대』 및 상남 시인과 인연을 맺게 되었고, 계간 『문학시대』에 글을 투고하면서 시인의 첨삭지도도 받고 시인이 이끄시는 해외문학기행에도 참여하면서 시인 및 이웃 문인들의 문향(文香)도 함께 즐겼다.

특히 문학동아리 '문학시대문인회'에 가입해 회장직을 맡으면서부터 매월 한 차례 상남 시인을 모신 가운데 문인회원들과 함께 '문학토크' 모임을 갖고 신작시나 수필을 발표하면서 감상평을 들어보는 시간을 가져오고 있는 건 나의 인생 후반 및 문학생활에서 참 보람있는 대목이라 하겠다.

지난세월 삭막한 모래벌판에서 전갈처럼 두리번거리기나 하다가 하늘로 벋은 푸른 난(蘭) 잎에 올라 딱정벌레처럼 붙어 있으면 어디선가 난향(蘭香)이 풍겨오곤 했으니, 그건 올곧고 청아한 문사(文士) 성춘복 시인과 함께한 때문이었다. 그런 세월로 나는 시인과 사반세기를 살아온 것 같아 행복하다. 이제 시인은 미수(米壽)를 맞는다니 이 자리를 빌려 감축과 함께 건강과 행운을 빌어 올린다.

시대의 로맨티스트 성춘복 선생님

이애정

"니 요즘 뭐하노?"

2004년 문학의 집에서 열린 아버지 이동주 시인의 10주기 행사에서 20여 년 만에 만난 성춘복 선생님께서 나를 보고 처음 하신 말씀이다.

생활에 철저히 무책임, 무능력(?)한 시인 남편을 둔 소설가 엄마는 내가 초·중·고시절 백일장에서 받아오는 상장을 찢어버리면서 혹시라도 시인이 될 생각이라고는 꿈도 꾸지 말고 미래의 사윗감도 문학과 연결해서는 아예 말도 꺼내지 못하게 했다. 때문에 여고 졸업 후부터는 전공부터 차단을 시키곤 했다. 꿈꾸던 문예창작과는 아예 지원조차 할 수 없었다. 그로부터 내게 문학은 잊혀져갔다.

사랑과 운명은 피해갈 수 없다고 했던가.

후일 선생님은 나를 보신 순간 틀림없이 '시를 쓰겠구나'라는 느낌을 받으셨다는 말씀을 하셨다.

"그래 니는 집에서 밥만 하면서 지내냐. 훌륭한 부모님한테서 태어난 아가."

"밥만 하지 않고 반찬도 하고 가끔 죽도 끓여요."

선생님이 호탕하게 웃으시고는 내게 시를 써보라고 하신 것이다.

그날 이후 나는 시인이 되었다.

아이 하나를 둔 지극히 평범한 가정주부로 살고 있던 나는 선생님의 말씀에 무엇에 홀린 듯이 단 이틀 만에 10편의 시를 써서 혜화동 문학시대 사무실의 문을 두드렸다.

시인이 되기 전 내 일상은 권태와 건조함 그리고 이유 없는 우울함에 빠져 전날과 별반 다름없는 시간 보내기에 완전히 지쳐있었다.

서른 살 종점에 다다른 나는 자주 신경질을 부리고 훌쩍거리는 등 이른 갱년기를 맞고 있는 중이기도 했다. 날씨 따라 계절 따라 뭔지 모를 허망함이 계속되던 외로움.

시인이 된 나는, 아니 시인으로 만들어 주신 선생님은 내게 참된 시인의 모습은 어떤 얼굴이어야 하는지를 자주 말씀하셨다.

여기 저기 기웃거리고 소위 뜨는 시인이 되려고 하지 말고 오직 시만 쓰는 기품 있는 시인이 되라고도 하셨고 그에 걸맞게 최고의 옷차림과 격조 있는 식사 등도 선생님이 말씀하시는 시인의 덕목이셨는데 나는 무조건 반발부터 했다. 그때까지 내가 알고 있던 문학은 가난하고 헐벗은 사람들의 영혼을 채워주는 모습이었기 때문에 선생님의 말씀에 고개를 숙이기가 어려웠다. 더구나 이왕에 등단을 했으면 본인 시를 널리 알려야지 왜 전면에 나서지 말라고도 하시는지 이해하기 힘들었다. 내심 선생님이 원망스럽기까지 했다.

유명해지려고 발품을 팔거나 립서비스 같은 걸로 여기저기 얼굴 내밀며 다니는 시인 말고 꽃과 아름다움, 사랑을 가치로 여기며 좋은 작품에 몰두하라는 고급스러운 시인의 길을 보여주시는 선생님이 그곳에 계셨다. 한 번은 선생님과 과일을 먹다가 처음 보는 품종의 포도를 덥석 송이 째 입에 넣는 나를 보고 과일을 먹는 법을 설명하셨다. 그땐 왜 그렇게 선생님의 그런 모습이 불편했었는지.

아마도 그때부터였던가 싶다. 나는 이제 선생님을 찾아뵙기를 그만 두었다.

『문학시대』 출신이라는 꼬리표도 달기 싫었다.

원하지 않던 홀로의 시간들이 길어졌다. 내가 아무리 발품을 팔아봐야 문단에서는 여전히 흔한 신진 시인이었다. 억지로 세 번째 시집을 낼 만큼의 분량은 되었지만 나는 차츰 문단에 지치고 스스로가 한심스러웠다. 이제는 시인이 되기 전의 외로움보다도 더 깊은 괴로움 속에 슬럼프에 빠져 무늬만 시인이 되어갔다. 차분해지자고 자신을 다독이면서 세 번째, 네 번째의 시집내기도 포기하고 누가 알아주든지 말든지 상관하지 않고 처음 시인이 되었을 때 세상 누구보다 행복했던 때만 생각하자고 했다. 17년이 넘는 시간이 흘렀다. 아무리 쉽게 쓴 시라도 칭찬을 아끼시지 않았던 선생님이 그리웠고 선생님의 말씀이 생각나기 시작했다.

시집을 줄줄이 내고 그래서 무슨 상(常)이라도 받아야 하는 걸로 알았고 될 수 있는 한 많은 사람들을 만나서 나를 알려야만 되는 줄 알았는데 그리고 시집을 내지 않으면 죽은 목숨이라고까지 생각했었는데 세 번째, 네 번째 시집을 내지 않아도 나는 시인이었다. 연예인이 아니었던 것이다. 시인이 되는 데는 오직 시와 그런 시를 위해서만 살아가려는 생활이 중요했다.

아! 선생님.

선생님께서는 진정 시인이셨던 것을요. 철없는 저는 그제서야 깨달았습니다.

지지리 궁상스럽고 혼란스러운 생활만이 시인이 아니고 내적(內的), 외적(外的) 결핍이 좋은 글을 쓰기에는 오히려 독이 되기도 한다는 것을요. 때로 장미꽃잎을 띄운 욕조에 몸을 담궈 보고 홀로 떠나는 여행도 하고 마음 가는 대로 사랑도 하고 하다못해 뭘 먹더라도 기품이 있어야 한다는 로맨티스트 선생님. 이제야 알겠습니다.

제가 잘못했습니다.

선생님께서는 예전의 모습으로 계셔주세요. 최고의 옷차림을 하고 우아한 레스토랑에서 뫼실 날을 기다려봅니다.

시인은 진정한 로맨티스트가 되어야 하니까요.

능소화 드리운 미수(米壽)의 동산

- 尙南 成春福 선생님 백수(白壽)를 기원하며

장성구

미수(米壽)의 언덕에서 세상 사람들을 내려다보시는 노 시백(詩伯)은 머리를 돌려 눈을 지그시 감는다. 탐진치(貪瞋癡) 삼독(三毒)의 어리석음과 일희일비에 앙앙불락하는 옹색한 마음에서 벗어나지 못하고, 반성할 줄 모르는 사람들을 아쉬운 눈초리로 바라보시는 대현(大賢)의 심정은 공허하다.

인류의 스승이신 공자께서도 잘못을 저지르고도 마음속으로 반성하고 뉘우칠 줄 모르면, 그때는 아무런 방법이 없다고 절망하시면서 그 유명한 장탄식을 하셨다. "어찌할 도리가 없구나.(已矣乎! 이의호)"

깨달음에 이르지 못하는 후학들이나, 세상에 바랐던 기대가 원만하지 못함을 바라봐야 하는 큰 스승님들의 느낌은 매한가지인 듯합니다. 그래서 옆에서 이를 바라보는 후학들 역시 죄송함에 마음이 착잡함을 금할 수 없습니다.

상남 성춘복 선생님의 깊은 사유와 긴 인생 연륜은 오랜 역사가 어우러져 있습니다. 반면 제가 선생님을 처음 뵙고 무언의 가르침을 받고 있는 지금까지의 세월은 아주 짧은 십여 년에 지나지 않습니다. 그만큼 선생님을 잘 모를 수도 있겠습니다만 마음의 상통이라는 것은 또 다른 면이 있을 수 있다고 생각합니다.

그렇기 때문에 열정을 불태우시며 한국 문단과 시(詩)의 세상을 섭렵하시던 젊은 시절 선생님의 모습을 직접 뵙지 못한 것은 제 삶에 큰 아쉬움이며 안타까운 일입니다. 그러나 처음 뵙고 난 이후 지금까지 선생님의 큰 그늘에 제가 있다는 것은 크나큰 영광입니다. 여기에는 사모님이신 우희정 수필가 선생님의 부지런 하시며 꼼꼼하고 다정다감하신 품성이 한몫했습니다. 봄이면 영춘화가 늘어진 선생님 댁 돌담 아래에서 몇몇 지인들이 모여 차를 마시며 덕담을 나누던 일은 분명 행복한 순간이었습니다.

김동리 선생님께서 지어 주셨다는 상남(尙南)이라는 아호는 '성춘복 시인에게서 풍기는 바람은 훈훈하고 따뜻하고 향기가 있다'라는 평에 아주 잘 어울리는 아호라고 여러 시인들이 평한 기록을 볼 수 있습니다. 상남 선생님에 대하여 김문수 시인께서는 '마음의 청춘을 품은 시인' '열정을 가진 마음' 등으로 찬하셨고 황금찬 시인께서는 "내 주변에 있는 사람 중에 가장 훌륭하게 신사의 도를 가고 있는 시인이며, 가장 시를 사랑하는 시인이다."라고 하셨습니다. 조병화 시인께서는 상남 선생님의 민첩하심과 분명하고 명쾌한 일 처리를 생각하며 단 한 줄의 시를 남기시기도 했습니다. '고성능 새마을 급

행열차 같은 사나이.' 당신께서 돌아가신 뒤 성춘복 선생님께서 새마을 열차가 아니라 KTX나 SRT 고속열차 시대에 살아가고 계실 것을 예측이라도 하신 듯합니다.

과거라는 기록과 기억 속에 남아 있는 성춘복 선생님의 문학적 행보와 한국 문단에 이바지하신 내용은 너무도 방대한 족적이라 여백이 허용치 않아서 일일이 기록할 도리가 없습니다.

사람의 만남이란 우연에서 출발하여 필연과 당연의 정을 이끌어 결실을 맺는 것이 세상사가 아닌가 생각합니다. 십여 년 전에 글을 쓰는 지인 한 분의 여러 번에 걸친 권유에 용기를 냈습니다. 그리고 『문학시대』 시 문 신인문학상에 도전했던 일이 출발점이었습니다. 아름다운 여신의 미소가 보낸 행운인 듯 시부문 신인문학상이라는 과분한 영예를 얻어 오늘의 모습으로 정을 맺었습니다. 그러나 무엇보다 의미 있는 일은 신인 문학상 수상을 계기로 처음 만난 상남 선생님을 오늘날까지 만나 뵙고 있다는 그 자체입니다.

상남 성춘복 선생님께서는 한국 문단의 큰 별이십니다. 요란함이 없이 중후한 aura는 아직도 그 면모가 유감없이 빛나고 있습니다. 역으로 말하면 그만큼 어렵고 힘든 일을 많이 하셨다는 의미이기도 합니다. 시인으로서의 역량을 발휘하시는 것은 물론이고 후학을 키우시는 열정 그리고 한국문인협회 이사장으로서 열의를 다하신 공헌은 누구도 흉내낼 수 없는 큰 발자취입니다. 우금을 건너고 여울목을 헤쳐 나가야 했던 험한 길 속에서 한국문학의 큰 버팀목이 되셨으니 이는 분명 황하의 중류지주(中流砥柱)와 같은 큰 돌기둥의 역할을 하신 것입니다.

십여 년의 짧은 기간이지만 간간이 뵙고 말씀을 나누면서 느낀 점은 선생님의 성품이 참 담백하시다는 것입니다. 이런 생각은 선생님의 시(詩) 세계에서도 그대로 느낄 수 있습니다. 천학비재한 제가 뭘 알겠습니까만 선생님의 시 세계는 마음에 배어있는 사유 깊은 선비정신을 바탕으로 간결하고 소박한 정신이 자유롭게 작품세계에 잉태되어 배어나고 있는 것이라고 저는 생각했습니다.

그러나 담백 담대하신 삶만을 추구하시지 않고 열정이 들끓는 가슴속을 깊게 차지하고 있는 것은 '자유'입니다. '확실과 불확실 모두가 기쁨과 두려움이라면 그것 역시 나의 생존이고 자유가 아니겠는가?' 하는 독백에서 충분히 엿볼 수 있습니다. 한편 어려운 기회를 내서 일본 도쿄의 이또야, 뉴욕의 케이츠 페이퍼리 그리고 파리의 파피에르를 찾으셔서 애지중지하는 문구류를 구입하시는 모습에서는 꿈 많고 풋풋한 소년의 꿈을 그려 볼 수도 있습니다. 그래서 선생님은 문구점을 '내 고향 같은 집'이라고까지 표현하셨던 것입니다.

선생님께서는 시(詩)뿐만 아니라 그림을 그리고 화제도 직접 쓰기도 하셨습니다. 이는 우리가 과거로부터 알고 있는 시서화(詩書畵) 삼절(三絶)의 현존하는 유일한 분이 아닐까 하는 조심스러운 생각을 해 봅니다.

상남 선생님의 꾸밈이 없는 성격은 은연중에 스쳐 가는 바람처럼 나타나기도 했습니다. 언젠가 식사 후에 차를 마시며 덕담을 나누었는데 갑자기 수수께끼 같은 질문을 던지셨던 기억이 납니다. "장 선생 세상 사람들이 글을 쓰는 사람들하고 그림 그리는 사람들을 뭐라고 비꼬는지 아시오?" 쉽게 대답할 수 없는 문제였기에 머뭇거렸다. 선생님 왈 "글 쓰는 사람의 성품과 도량은 꼭 200자 원고지 한 장만하고, 그림 그리는 사람의 인품은 딱 캔버스(canvas)만한 크기라는 것이야." 말씀을 듣고 겉으로는 웃었지만, 속으로는 깜짝 놀라고 뜨끔하기까지 했습니다. 해학적 표현을 통해 후학들에게 보내는 큰 가르침인 것입니다.

망설임과 두려움 속에 첫 번째 시집의 출간이라는 난각을 뚫고사할 때 번잡한 심정은 아마 누구든지 겪는 일이라고 생각합니다. 시집을 어떤 형태로 만드는 것이 좋을까를 먼저 생각하는 것은 역시 달관의 경지에 이르지 못한 초보자의 고민이었습니다. 줄탁동기(啐啄同機)의 조언을 구할 때 선생님께서는 간단하게 말씀하셨습니다. 각자 나름대로 최선을 다한 작품을 모아 출간하는 시집이니까 각자의 능력을 고려하여 품격을 갖추는 성의가 중요하다고 하셨습니다. 단순히 시집을 위한 시집을 만들려고 고민하지 말라는 말씀과 함께 작품집이라는 책은 역시 귀한 것임을 강조하신 말씀으로 이해하였습니다.

사람들이 뜻을 맞대고 삶을 토론할 때 가장 기억에 남는 것은 나에 대한 상대방의 진솔한 생각일 것입니다. 돌이켜 보면 몇 권의 시집을 낼 때 선생님께서 추천사를 써 주신 일은 황망하여 몸 둘 바를 모를 만큼 감사하고 뜻깊은 일이었습니다. 그래서 결코 잊을 수 없는 일일 뿐 아니라 큰 광영으로 생각하고 있습니다. 상남 선생님의 미수를 맞이하여 발간하는 기념문집에 그 내용을 그대로 옮겨 싣는 것 자체가 불녕(不佞)에게는 크나큰 영광입니다.

첫 시집인 『여강(驪江)의 꿈』을 출간할 때 "이 시인이 엮어내는 시 세계는 공감대가 넓은 만큼 낭송으로도 들려줄 수 있어 그 의미가 아주 크다. 이미 많은 작품이 애송곡으로 불려져 독자의 가슴에 닿아있고 특히 쉬운 어휘가 속도감마저 주어 독자로 하여금 뜨거운 공감과 깊은 교감의 파장을 지닐 수 있게 한다."라고 격려의 말씀을 잊지 않으셨습니다.

『능소화가 보낸 시』를 발간할 때는 "장성구 시인은 첫 시집 『여강(驪江)의 꿈』에서 이미 시적 사유의 지평을 활짝 열어서 회고적 은유의 꽃을 피운 바 있고, 이번 시집에서는 그의 사회적 경륜만큼이나 도탑고 유려한 필력으로 미적 체험의 순도를 높인 시들을 상재했다. 능소화라는 꽃의 이미지로 묶어낸 시편들은 경륜으로 숙성시킨 심상의 울림이 있기에 그만큼 공감하는 바가 크다고 하겠다."라고 하셨습니다. 한 발짝씩 앞을 향해 걸음을 옮겨놓는 후학에 대하여 조심스러운 기대를 하시는 마음을 보내 주셨습니다.

시집 『삶의 옹이가 관솔불 될 때』의 추천사에서 "장성구 시인의 시는 독립운동가의 후손답게 근간에 깔린 구국일념의 기개가 전반에 스며있고 조화롭게 아우라를 형성하면서 그 감성적 어휘의 공감대가 넓다."라고 변함없는 격려를 보내주셨습니다.

선생님의 이런 관심은 특정인을 위한 일이 아니라 모든 제자와 후학들을 위한 스승으로서의 보편적 덕목을 실천하신 것입니다. 그러나 이런 일이 결코 쉬운 일은 아니라고 생각 합니다. 선생님의 격려 말씀을 받아 모신 제자들은 그만큼 용기를 갖음과 동시에 열심히 해야 한다는 표현할 수 없는 중압감을 느끼는 것도 사실입니다. 선생님께서 후학들에게 진정으로 바라시는 것은 바로 후자가 아닐까 생각해 봅니다.

지금까지 헤아릴 수 없이 많은 역작과 훌륭하신 업적에 다시 한 번 고개 숙여 감사드리고 미수라는 뜻깊은 순간을 맞이하시는 선생님과 사모님의 앞날에 기화요초 아름다운 세상과 큰 보람이 함께하시기를 간절히 기원하면서 한 편의 시를 올립니다.

능소화 드리운 미수의 동산

영남의 상주 골에 자색 구름 모인 날
언덕 위에 한 마리 학이 크게 울었다
하늘이 그 소리를 반갑게 들었을 때
반가의 규방에서 들려온 신동의 첫울음
생명의 인연은 북악의 계곡까지 울렸다

소탈한 문사의 팔십팔 년의 소박한 삶
영민한 눈빛으로 천상의 뜻을 보았고
능소화 마음으로 선비의 뜻을 세웠다
황하의 지주 되어 지켜오신 외로운 길
지사의 참된 자유가 무지개를 만났다

문향이 가득한 행단 아래 늘어선 제자들
기품이 거룩한 시인들이 구름 같아

한눈에 보이는 상남 선생님 덕과 인품
등단 시인 육십사 년에 빛나는 발걸음
백수(白壽)의 길마다 아름다운 기화요초.

축 상남 성춘복 선생님 미수.
於 鶴汝齋
從遊門人 鳴皐 張聲九 再拜

문인의 길로 이끌어 주신 등불

이상민

학문의 영역은 넓고 깊은 것이기에 독학에는 한계가 있다. 급하지 않고 꾸준히 노력하면 결과가 따라 오리란 기대감을 갖게 된다.

자신이 미숙하던 시절 가르침을 주고 좀 더 앞으로, 넓은 영역으로 이끌어 주신 스승은 누구에게나 있지 않겠나.

길을 알 수 없기는 스승도 인간이기에 마찬가지일 수도 있으나, 연륜과 더 넓은 범위의 지식과 경험은 내게 자신의 길을 밝혀주는 등불이 되기에 부족함이 없음이다.

선생님과의 인연은 시공부를 위해 2001년 가을부터 혜화동을 찾아 뵌 이후로, 2003년 첫 시집 『세상에 묻힌 나를 보며』를 시작해, 2021년에 6집을 내고, 지금까지 이어지고 있다.

혜화동에 시대문학(후에 『문학시대』로 바뀜)사 사무실로 매주, 습작들을 들고 가서 교정을 받으며 시공부를 하던 시절, 조금 일찍 도착하여 복도에서 선생님을 기다리다 보면, 복도에 길게 늘어선 화분들 주변에 내려앉은 먼지 위로 비껴드는 햇살에 반짝이는 것을 기억 속에 넣어뒀다가 후에 작품에 담기도 했다.

아무 것이나 핥아대는 먼지들
그 위에 떼 지어 이슬 같은 방울들이
감싸고 어루만지는 향기는 무언가

창살 밖 녹이 슨 화분대 위에
며칠 채 홀로 둔 프리지어
꽃망울 떨구고 잎도 내린다

몇 번인가 나를 깨우려
창을 두들기며 소리쳐 부르던
오늘 아침, 그 마음은 내가 아니던 것을.

-「오늘 이 아침」

『문학시대』로 등단한 문인들 모임에서 여러 해를 총무와 회장을 하며 선생님 곁을 맴도는 시간이 많아지고 원로 문인들과의 친분도 쌓게 되었다.

매년 3월이면 남산 '문학의 집·서울'에서 '문학시대 신인상' 행사가 개최되었다. 행사 당일에는 으레, 오전 일찍 선생님과 같이 백화점 식품코너를 돌며 모두의 만찬을 위해 쇼핑을 하는 게 일이었다. 한두 해는 신참 총무라 선배 동인이 같이, 나중에는 선생님과 둘이서 카트에 음식을 가득 담아 연회준비를 했다.

선생님의 미식가적 취향이 가득 담긴 음식들로 카트는 채워졌고, 따라다니는 나는 백화점에서의 색다른 먹거리를 두 눈 가득 즐기는 재미에 빠져들며 남정네 둘이서 백화점의 음식매장을 휘휘 젓고 다닌 셈이다.

어느 날, '문학의집 · 서울' 본관 전시장에 다른 문인 모임에서 시화전 전시를 하는 것을 보았다. 선생님에게 문학시대인회가 과거에 시화전을 한 적이 있었냐고 여쭈니, 한 번도 없었단다.

내친김에 선생님에게 우리만의 시화전을 열자고 몇 며칠을 졸라서 겨우 승낙을 받았다. 그때는 회장직을 하고 있어 동인들에게 시화전 협조를 요청했더니 다들 흔쾌히 참가신청을 내고, 일부는 독려를 하고. 한편으로 선생님에게 필요한 재료를 받아 적고, 안국동과 홍대 앞 미술상과 액자 재료상을 돌아다니며 준비를 했다. 그동안 선생님은 사무실에서 동인지에서 각 2편씩 선정하여 그림 작업에 몰두하셨다.

완성된 그림 위에 동인의 시를 붓으로 적어 넣고, 낙관까지 곁들인 멋진 작품을 보면서, '아, 선생님의 저런 재능은 어디가 끝일까?' 감탄에 감탄을 연발하며 시화라는 진면목에 눈을 뜨게 되었다. 이제까지의 여타 시화에 대한 회의마저 들면서, 오히려 선생님의 제자라는 그 명분에 어깨가 으쓱하기도 했다.

시화전을 감상한 문인이며 관계자들 사이에서 문학시대인회의 시화전이 호평을 받게 되자 동참했던 동인들이 우쭐하는 모습은 예사가 되었다.

게다가 선생님이 손수 시화작업을 하셨다는 것을 제자사랑에 대한 경외심으로 받아들였고, 그에 따른 문학시대동인회의 위상마저

격상하니 일석삼조가 되었다.

문학시대인회의 시화전은 그 후로 2회가 더 기획되어 전시를 하게 되었고, 이로서 선생님과 문학시대인회의 부러움은 계속되었다.

스승에게 감사하고 존경하는 마음은 당연지사이다. 문인으로서 길을 잃었을 때 찾아뵙고 싶은 스승, 기꺼이 다시 한 번 내게 등불이 되어 줄 것이란 믿음에 늘 행복하고 감사하다.

20여 년을 시를 쓰는 자세와 문인으로서의 품격을 강조하신 선생님의 가르침에 감사드리며, 선생님의 미수기념 행사에 동참을 하게 되어 기쁘기 그지없다.

초지일관(初志一貫) 나의 스승님

이희자

주소가 없는 길을 찾아가는 것은 결코 쉬운 일은 아니다.

막연히 어느 집 부근일 것이라는 짐작만으로 길을 찾아 나서다 보면 막막하고 두려움이 앞서가기 마련이다.

시인이 되고픈 내 꿈은 마치 주소가 없는 무한한 길을 찾아 헤매는 길 찾기 같은 것이 아니었나 싶다.

시에 대한 그리움을 가슴에 품은 채 살아가다 보니 어느덧 나는 두 아이의 엄마가 되어있었다.

초등학교에 다니는 연년생 남매의 학부모가 되었을 그 무렵, 우연히 접한 어느 월간지 잡지에 소개된 동아리 모임 이야기를 읽었다. 거기에는 신입회원 한 분쯤 더 모시겠다는 안내 문구와 함께 소개된 전화번호를 읽게 되었다

그 운명의 전화번호를 들고 찾아간 그곳에서 강사로 오신 선생님을 만나게 되었으니 그분은 곧 나를 시인이라는 확실한 주소지로 안내해 주신 성춘복 선생님이시다.

첫 대면 때의 그 하얀 장발인 듯 긴 머리는 내게 좀 낯설었다. 강의 때의 "했다꼬" 혹은 "아니라꼬"의 특유한 경상도 발음은 왠지 모를 주눅 감도 들게 했지만 한편으로는 누구도 흉내 낼 수 없는 친근감을 불러일으키기도 했다

내 부족한 시를 읽어주시고 또 잘못된 곳을 지적해 다시 글쓰기 작업에 열심을 더하게 하시던 선생님의 가르치심은 마침내 월간문학 신인상 당선이라는 큰 기쁨으로 내 평생 소원이었던 시인의 길 찾기에 마침표를 찍게 해 주셨다.

참으로 내 시의 은인이시며 문단생활에서의 그 어떤 분과도 비교할 수 없는 오직 한 분인 나의 스승이셨다.

이른 가을 어느 아침이었다

급히 부르시어 혜화동 선생님의 사무실로 나가니 인사를 드리라며 소개해주신 분이 있었으니 바로 김후란 선생님이셨다. 그때 자연을 사랑하는 문학의 집·서울 창립 준비를 위해 애쓰고 계시던 김후란 선생님과 인연을 맺게 해 주신 선생님. 어언 22년이라는 긴 세월 문학의 집에서 장기근속으로 근무한 것도 가까운 사람을 두루 살피시고 거두시는 선생님의 크고 높은 은덕이라 하겠다.

세월이 빠르다는 것을 새삼 느낀다.

거꾸로 가는 시계가 있다면 달려가서 구해오고도 싶은 심사다.

지금의 생각을 가지고 다시 모든 일을 시작해 보고 싶은 생각이 깊지만 그때도 나는 다시 후회하는 사람으로 남지 않을까 싶다.

이런 후회와 불충의 번민 가운데에도 확실하게 원하는 것은 이제

미수를 지나시는 선생님께서 더 오래 건강하시어 인편에, 아니면 바람결에라도 후배들의 좋은 소식을 많이 들어 주셨으면 하는 마음 간절하다.

남의 말하기 좋아하는 사람 사는 세상에서 오직 선생님을 믿고 지나온 내 문단생활 올해로 만 40년이다. 그 오랜 세월 변함없이 내 든든한 시의 버팀목이 되어 주신 상남 성춘복 선생님은 내 문학의 큰 나무시며 초지일관 내 문학의 변함없는 스승이시다.

함께했던 소중한 추억들

박정향

문단의 어른이신, 존경하는 성춘복 선생님과의 인연은 20여 년 전에 비롯되었다. 작고하신 원로시인, 김창직 교수님의 시창작반에서 강의를 들을 때 성 선생님의 시를 처음 접하고 좋아하면서부터다. 그 후 수필 쓰시는 오 선생님의 소개로 직접 만나 뵐 수 있는 영광을 입었다. 오늘에 이르기까지 친분이 이어짐으로 내 문학 활동에 많은 영향력과 도움을 주신 선생님이신데 이 졸필로 존경하는 선생님께 오히려 누가 될까 염려스럽다.

혜화동에 선생님 사무실과 위 아래층으로 출판사를 운영하시던 우희정 선생님을 뵙게 된 때도 그 무렵이다. 돌이켜보면 그때 두 분 선생님과 다른 문인 선생님들과 함께한 여행에서의 교분은 선생님의 인품을 더 깊이 알게 된 계기였다. 그 추억들이 내 문학 인생에 즐거운 때였고 많은 것을 경험하고 배운 문학 작품의 산실이기도 했다. 창녕의 우포늪을 비롯해 창원의 철새도래지인 주남저수지, 문경새재를 거쳐 메타세쿼이아와 백일홍의 가로수 길을 지났던 백

암온천, 홍천의 풍경화 펜션에서의 잦은 친목모임 등, 멀리는 하와이 한인문인협회에서 성 선생님 초청에 동행했고 일본여행도 함께 했다. 풍경이 있고 문학정서와 사람 사이 정이 넘치는 문학토크가 있는 문학기행이었다. 가끔은 꺼내보는, 함께했던 소중한 추억들이 아닐 수 없다.

지금은 별 말씀을 안 하시고 건강이 예전 같지 않아 뵙기 안타깝지만 여전히 펜은 놓지 않고 글을 쓰시고 그림도 그리시니 그나마 감사하다. 우리들과 말씀 하실 때는 별 특별한 얘기는 아닌, 일상적인 대화라도 한 말씀 한 말씀에 귀 기울이면 우리 후학들의 문학정서를 일깨우고 갇힌 인식의 틀을 깨게 하셨다. 문사로서 본분에 충실할 뿐이지 세상 명예나 무슨 상을 쫓아다니지 말라고 하신 말씀까지도 기억난다.

원로 대선배 선생님이시니 당연히 대접해 드려도 오히려 더 베푸시려 했고 권위의식이 조금도 없으실 만큼 상대방을 편하게 배려해 주셨다. 시나 시조를 퇴고할 때 선생님의 자문을 구하면 한 번도 미루는 일이 없이 그 자리에서 자상하게 일러주셨다. 내 시집 두 권 중, 한 권과 수필집 4권을 출간하는데 선생님의 도움이 적지 않았다. 문단에 문학과 그림을 겸하신 선생님은 별로 없으신데 섬세한 터치로 표지와 삽화에도 정성을 다해 주셨다. 글과 함께 삽화가 있는 소 액자 선물도 소중히 간직하고 있다. 내 시집 시평까지도 써주신 일 등, 내게는 늘 존경해 마지않는 참 스승이시다.

혼자되신 지 오랜 선생님이 같은 길을 걷고 있는 역시 혼자였던 좋은 우 선생님을 배우자로 만났다. 두 분이 남은 생애를 같이 하기로 한 약식 결혼식에 초대해 주셨다. 두 분과는 그간 친분이 두터웠으니 당연히 축하자리에 갔다. 평소대로 검소한 옷차림에 소박하면서 밝고 따뜻하게 꾸민 분위기였고 그나마 초대손님을 대접하기 위한 중국정식 메뉴가 유일한 호사였다.

그날의 하이라이트는 역시 특이한 예물 교환이었다. 성 선생님의 말씀이, '가진 것이 별로 없는지라 마음만 담아 마련했다'는 커플 반지다. 다이어도, 황금색 반지도 아닌, 크기만 다를 뿐 초록색과 보라색으로 은은한 조화를 이룬 칠보반지였다. 소박한 두 분 선생님의 삶의 태도를 엿볼 수 있었다. 또 하나 특이하게 마련한 선물은 시와 그림과 사진 그리고 꽃잎과 나뭇잎을 붙여 직접 만든 앨범이었다. 사랑하는 이를 위한 시와 그에 맞는 그림까지 정성을 다한 화첩 같기도 하고, 시첩 같기도 한 선물이었다. 진솔한 마음을 담아 표현한 시구와 미적 섬세함으로 그려 넣은 그림이 우 선생님을 감동케 했을 것이고, 우리는 부러워 할 정도였다. 오래 행복하게 살기를 기원한 날이었다.

늘 그래왔듯이 지금도 노욕마저 없으셔서 늘 편안함으로 지내시는 선생님, 건강하게 오래 우리 곁에 계셔서 세상을 향해 존재가치의 소중함을, 그리고 바르게 걸어가야 할 문학인의 길에 대한 이야기를 계속 들려주셨으면 하는 바람이다. 여러 문학인들과 함께 선생님을 모셨던 숱한 이야기들이 많은 세월이 지났지만 소중한 추억으로, 작품으로 남기게 된 것을 이 자리를 빌려 감사드린다.

시와 사랑에 바친 영혼

정연순

선생님께서 식사 초대를 하셨다. 스치듯 두어 번 뵈었을 뿐이라 조심스러웠다. 신라호텔 일식당 아리아께. 재킷에 노타이 차림이 잘 어울리는 노신사는 훤칠한 키, 반듯한 이목구비가 환하고 온유해 보였다. 우선생은 앳되고 다소곳했다. 후원이 보이는 창가 자리로 안내되었다. 사께를 곁들인 도미머리찜 정식을 주문하셨다. 부드럽고 유쾌한 대화가 오갔다. 문향이 깊이 밴 인생의 품위에 끌려서일까, 오랜 지인 같은 친밀감을 느꼈다.

얼마 후 우선생에게 한 가지만 물었다. 나이 차이가 이만저만인데 노환에 드시면 후회 않고 감당하겠는지. 팔자려니 하지요. 그럼 됐다. 그로부터 전폭적인 지지와 진심 기도와 응원을 아끼지 않았다. 윈윈(Win Win)! 아름답고 존경스러웠다. 사랑은 모름지기 그래야 하는 것. 감동적인 로맨스가 익어갔다.

그즈음 용기를 내어 졸시를 보여드렸다. 초등학교 5학년 때 동시를 써서 국제신문에서 장원을 한 후로 꾸준히 글짓기를 하였지만 저걸 다 어쩌나, 했을 뿐 누구에게 보여주는 일은 처음이었다. 2009년 선생님의 추천으로 『문학시대』 봄호에 등단하였다. 심사평이 큰 격려가 되었다.

> 20여 년이나 되는 수필문단의 중진으로 문력이 만만찮은 분인데 제2의 도약을 위해 도전을 한 듯싶다. 안정된 어휘의 구사력뿐 아니라 적절한 응축력의 조직을 통한 감흥도 삭힐 수 있는 여력이 있어 탁월한 시세계를 보일 것으로 믿어 의심치 않는다.

2010년 1월 두 분은 김시철 선생님을 비롯한 지인 몇 분을 음식점으로 초대하여 결혼을 발표하셨다. 감색슈트에 스트라이프 넥타이의 신랑도, 정장 투피스로 예를 갖춘 신부도 상기되고 행복해 보였다. 선생님께서 손수 꿰맨 공책에 적은 사랑의 시편들 중 몇 편을 낭송하셨다. 하객들은 감동의 갈채를 터트리고 축복과 덕담을 드렸다. 몇몇이 신랑신부를 모시고 미사리 카페로 자리를 옮겨 뜨거운 커피를 마시면서 겨울 강의 백조를 바라보았다. 선생님 식의 피로연이었다.

이듬해 성탄절 앞 주에 두 분은 혜화동 성당에서 세례를 받으셨다. 하느님이 맺어 주신 인연이 토마스 모어와 헬레나 부부로 거듭나신 것이다. 소홀함 없이 신앙생활을 하셨고 때가 되어 견진성사도 받으면서 아이처럼 순수한 영성으로 계속 성장하셨다. 남 주는 것 좋아하고 사람 좋아하고 닭이며 새와 오리 자전거 수집 취미도 그렇고 미물이라도 생명을 소중히 여기는 심성까지 부부가 꼭 닮았다. '대강'이 없는 단호하고 적극적이고 완벽지향적인 책임감도 판박이다.

선생님은 안목이 남다르시다. 패션과 소지품은 물론 문구류나 집기도 고급품을 오래 애용하신다. 낡을수록 그것에 얽힌 에피소드를 기억하면서 더 애착하시는 것 같다. 선생님에게 유행은 유행 따위일 뿐이다. 소매 끝과 깃이 나달나달 해진 줄무늬 셔츠를 수선집에 맡겨 안팎을 뒤집어 달아 수년을 더 입는다면서 즐거워 하셨다. 패션 감각이 남다른 데다 색의 조화에도 예술적 조예를 가지셨으니 자신만의 멋을 즐기시는 것이다. 개성의 완성이라고나 할까.

여행지에서도 새벽마다 그림수첩에 주변 풍경을 스케치 하셨다. 채색화도 시화도 삽화며 소품들까지 하나같이 사물에 대한 애정이 물씬 한다. 마음에 드는 물건은 값을 상관하지 않으시는 걸로 보아 돈에 별 관심이 없고 이재와는 거리가 먼 것 같다. 미각이 예민한 편이시다. '아무거나'보다 신중하게 선택하는 편인데 정통 이태리 식당을 선호하셨다. 집에 오는 손님에게는 호스트로서 예의를 갖추고 호의를 다하여 와인이든 뭐든 아낌이 없지만 정작 당신은 술을 입에 대지 않으신다. 문단의 비하인드 스토리를 누구보다 많이 알고 계신 터라 가끔 강개하시는 모습에서 선비의 강직한 품격을 느끼곤 하였다.

2012년 처녀시집 『하느님 옷 한 벌 주시면 안 될까요』를 낼 때 남주(南州)라는 호를 주셨다. 따뜻하고 넓은 고을, 다 품어서 아늑한 사람이라면서 이름과 호와 '건들마'라는 두인을 손수 새겨서 인주와 함께 주셨다. 지친 여름살이 끝에 건들마는 얼마나 반가우냐며 웃으셨다. 평론에 이렇게 쓰셨다.

정연순 시인은 우리들 삶의 본질을 최고의 삶에로 이끄는 안내인 구실에 다름 아니라는 결론이다. 이 무서운 비유로 더한 삶을 깨닫게 하는 시정신에 우린 쉽게 머리 숙이게 된다. 거기에 섞여 죽음에 이른 우리들의 걸음들, 죽음으로 이기는 현상적 버릇으로 밀어 올려 새 삶이 되게 해주는 길을 보이고 있다.

선생님은 시인의 정신세계와 삶의 가치관을 자주 말씀하셨다. 기교보다 정신의 시, 주제의식이 분명한 시, 사물의 현상을 감각적으로 포착하기보다 그 너머 사리의 세계를 보아야 한다고 하셨다. 시인은 예의 품위 의리 등을 두루 갖춘 문사(文士)가 되어야 한다고 간곡히 이르신 말씀도 기억한다.

어느 날 졸시를 보시고 '됐다 됐어' 크게 소리 내어 웃으시던 모습을 어찌 잊을까. 두 번째 시집을 내고 2년이 지나 2020년 여섯 번째 수필집 『아무 일 없는 듯이』를 낼 때 표문을 주셨다.

정연순 수필가는 죽음과 여행과 자연 그리고 일상에서 인생을 관조하는 명상과 성찰이 남다르다. 수필을 인간학이라고 볼 때 전편에 구현된 그의 사람됨은 참으로 아름답고 유머를 잃지 않는 여유로움이 퍽 매력적이다. 그의 수필은 우리의 관계를 순화하여 결국 희망과 사랑에 닿게 한다. 그것은 깊은 영성과 삶의 향기가 주는 생명의 힘이다.

팔순이 엊그제 같은데 미수를 맞으셨다. 결혼 13년. 그 전 사랑에 공들인 시간은 또 얼마였던가. 응축되고 풍요롭게 사랑을 가꾸고 누리면서 참으로 많은 추억을 쟁이시는 두 분에게 경의를 드린다. 사랑하는 우희정 헬레나에게 뜨거운 기도와 포옹을 전한다. 시와 사랑에 바친 영혼의 미수를 축하드리며 시백 상남 선생님의 평강을 위하여 성호를 올린다.

문단의 거목

조한나

성춘복 선생님은 한국문협 이사장과 우리 문단의 지도자 관리자의 소임을 다하셨으며 문학단체를 운영하시면서 그 특유의 부지런하심으로 괄목할 만한 업적을 쌓으신 분이다.

선생님의 시안은 다른 사람과 상당히 거리가 있는 투시력과 포용력 그리고 강한 집착력이 있는 분이다.

문학세계 특유의 칭찬보다는 험담을 먼저 앞세우는 풍토에서도 지친 바람을 잠재우며 잘 다독여주시는 분이셨다.

문학이나 그림 이외에도 영화, 음악, 골프, 무용의 마니아로 시간을 알차게 보내시는 분으로 멋과 낭만 속에서 구애됨이 없으심은 그분의 단호한 무소유 개념에서 비롯되었을 것이다.

인생의 유한함과 무소유의 자유로움을 일찍이 터득하셨던 것은 그분의 지혜이며 좋아하시는 무용가의 공연을 관람하시기 위해 홀로 현해탄을 건너시는 체질적인 멋의 창출은 돈과 시간이 있다고 되는 일이 아님을 알기에 더욱 돋보였다. 누구나 흉내 낼 수 없는 문장가에 앞서서 대인의 풍모를 느끼게 해주신 분이다.

하여 제가 세 번째 시집을 마을에서 내면서 그분의 근면성과 성실함도 엿볼 수 있었다.

우리 집 거실 한편에 그분이 스케치(sketch)한 그림이 액자에 걸려있어 그분의 재능도 익히 알 수 있었다.

성춘복 선생님
- 미수(米壽)에 부쳐

언제 누구를 만나도 반가운 미소
자연스레 입가에 번지는 그 미소
우리들 먼지 가득한 가슴 씻어주는
청량제였어라

깊은 인생을 안으로 안으로 한
지적 섬광은
창작문학으로 봉사로
남기신 흔적
어찌 찬양하지 않으리
어찌 축하하지 않으리

어느덧 그 임 미수(米壽) 맞으시니
덧없는 세월의 섭리 어찌하리.

넘치도록 응원을 받았기에

심봉순

이브라힘 페레르가 오마라 포르투온도와 silencio를 듀엣으로 부르는 모습이 인상적이어서 자주 '부에나 비스타 소셜 클럽' 영상을 찾아본다. 클럽의 유일한 여성 보컬인 오마라 포르투온도를 배려하는 모습과, 1절이 끝나고 간주 중에 그녀와 블루스를 추는 장면과, 노래가 끝나고 감정에 격해 그녀가 눈물을 흘리자 눈물을 닦아주는 장면이 압권인데 이 영상을 볼 때마다 꼭 상남 선생님이 이브라힘 페레르로 오마주된 듯했다. 이브라힘 페레르의 베레모를 쓴 모습도 베레모가 잘 어울렸던 상남 선생님과 닮았다. 바꾸어 말하면 상남 선생님을 떠올리면 쿠바의 넷킹 콜이라 칭송받았던 이브라힘 피레르가 연상된다.

원고청탁 메일을 받고 나자 가장 먼저 찾아온 감정은 안타까움이었다. 선생님이 올해 미수라는 게 믿을 수가 없었다. 신이 인간에게 가장 공평하게 내려준 거는 누구나 똑같이 나이를 먹는 거라고 했지만 선생님은 열외로 두어도 괜찮을 것 같았기 때문이다. 선생님만

큼은 세월을 비껴갔으면 좋겠다고 이 순간에도 바라고 있다.

선생님을 처음 뵌 것은 지금으로부터 17년 전이었다. 그날 이곳 대화에서 평창문예대학 전신인 하서문학교실 창립 날이었다. 공교롭게도 그해 나는『문학시대』신년호에 단편소설로 등단했지만 그 잡지 발행인이셨던 선생님은 그날 처음으로 뵈었다.

2월 초순답게 하늘은 새파랗다 못해 새초롬했고 쌀쌀한 날씨였다. 이날을 위해 특별히 장만한 검은색 비로드 투피스에 오페라핑크 니트셔츠를 받쳐 입고 나름 멋을 냈지만 선생님이 풍기는 아우라와 마주하자 한 마리 촌닭에 불과했다. 선생님은 도시적이고 낭만적이고 다정하고 젠틀함을 믹스한 모습에 아무도 범접할 수 없는 아우라가 후광처럼 발산했다.

창립식 전에 몇몇이 식당에서 밥을 먹었다. 하필이면 선생님 맞은편에 앉았다. 등단자라고 특별히 신경을 써준 자리였겠지만 그래서 거절할 수도 없어 덜컥 앉을 수밖에 없었겠지만 내 영혼은 이미 멀리 날아간 상태였다. 밥상에는 특별한 날답게 등심구이가 올라앉았어도 한 저름도 먹고 싶지 않았다. 선생님께 술을 한 잔 올렸다. 먼저 술을 올릴 깜냥이 못 되어 애먼 물만 홀짝이고 있을 때 동석한 누군가가 술을 한 잔 올리라고 했던 모양이다. 비 맞은 참새처럼 바들바들 떨며 겨우 올렸던 기억이 났다. 그 짧은 순간에 손을 너무 떨어 술을 엎지를까봐 얼마나 노심초사했던지. 나중에 알고 봤더니 선생님은 술을 한 잔도 드시지 않는 분이었다.

등단하고 얼마 되지 않았는데 선생님은『문학시대』에 장편소설

연재 지면을 할애해 주셨다. 써둔 장편도 없으면서 욕심이 앞서 덜컥 수락했다. 선생님은 꼭 원고를 파일로 한 부 보내고 인쇄해서 우편으로도 한 부 보내라고 했다. 그게 조금 귀찮기는 했지만 하늘 같은 선생님의 명령에 토를 달 수가 없어서 무조건 그렇게 했다. 또 그냥 원고만 달랑 보내기가 부끄러워 편지도 몇 줄 써서 보냈다.

선생님은 메모 한 줄도 아무 종이에 쓰지 않으셨고 당연히 필기구도 마찬가지였다. 한마디로 고급스러웠다. 그래서 나도 한지를 구해서 거기다가 편지를 써서 보냈다. 어제 갑자기 청소하다가 연습했던 편지 몇 장이 눈에 띄어 한참을 바라보다가 여기에 올려본다.

다시 읽어봐도 지독한 악필에 문장이 어색하고 촌스러워 부끄러움투성이지만 그 시절에는 나름대로 최선을 다해 존경의 마음을 담아 편지를 보냈던 걸 기억한다. 중요한 거는 그때 선생님께서 원고를 따로 복사해서 한 부 보내라고 했던 이유를 몰랐다는 거다. 선

존경하는 선생님께.

때이른 무더위에 안녕하신지요.
산속 깊은 이곳 평창도 벼락처럼 다가온
무더위에 쩔쩔매고 있습니다.

회는 거듭할수록 부끄러움의 깊이는
더해가는 졸고입니다.
미련해서 깨닫지 못한 때도 있지만
귀한 가르침 많이 내려주세요.
내내 건강하시길 기도합니다.

평창에서 심봉순 드림.

존경하는 스승님께!
얼마전에 병원에 입원했었다는 소식에 무척 놀랐습니다.
건강하세요.
오늘 모처럼 해를 보자 오히려 적응이 안될정도입니다
여름 내내 장마가 오랫동안 비가 내렸던지요.
땅속에 있는 감자는 다 썩어버리고 그나마 기대했었던
옥수수는 멧돼지의 습격을 받아 다 망가지고 말았답니다
비가 많이오자 야생동물들도 먹을게 없나봅니다.
조금 보내오니 평창의 맛을 봐주세요

부족하고 부끄러운 졸고 10회로 마감할까 합니다
그동안 귀한 지면 감사드리구요 귀하고 좋은 가르침은
갚을길이 없는것 같습니다.
열심히 노력할수 밖에는요

내내 건강하세요

평창에서 심봉순 드림

생님이 말씀을 안 해주셨으니까. 또 지금도 그렇지만 일단 내 졸저가 인쇄되어 책으로 나오면 그걸 읽어볼 엄두가 나지 않았더랬다. 원고로는 보이지 않았던 오문과 오탈자가 왜 인쇄가 되어 나오면 보이는지 알 수가 없었다. 굴이라도 파고 들어가 숨고 싶을 만큼 부끄러워 회피하고 있어서 알지 못했다.

어찌어찌 10회에 걸쳐 연재를 무사히 끝내고 곧바로 첫 책 『방터골 아라레이』를 발간하기 위해 원고를 다시 읽어보다가 뭔가가 이상해 원본과 대조를 해보고 알게 되었다. 세상에나 선생님이 나 모르게 교정을 봐주고 있었다. 그것도 몇 개도 아닌 밤하늘의 별처럼 수두룩했다. 연재가 끝날 때까지 그 말씀은 한 번도 하시지 않아서 그동안 몰랐다는 거였다. 선생님이 문장을 바로잡아 주지 않았다면 어떻게 되었을까. 오문에 엉터리 맞춤법에 희한한 표현이 전혀 수정되지 않은 채 그대로 활자화되었다고 생각하면 지금도 모골이 송연해진다.

선생님은 분에 넘치게 책 표4에 아래와 같이 격려의 글도 써주셨다.

> 등단 초기부터 발랄한 참신성에 단단한 어휘를 구사하여 사려 깊은 구조를 엮어온 심봉순 작가의 장편소설을 우리는 눈여겨볼 만하다. 자전적 요소가 짙은 이 소설의 가식 없는 솔직성에 더욱 감탄을 하게 된다. 개인사를 훌쩍 뛰어넘는 우리들의 놀이터여서 흠뻑 공감의 멱을 감게 한다.

이 글을 쓰기 위해 다시 읽어봐도 역시나 이렇게 귀한 글을 받을 수 있었던 나는 행운아였다. 또 어쭙잖게 출판기념회를 열었는데 그때 선생님은 커다란 방구부채를 서울에서부터 손수 들고 오셔서 선물로 주셨다. 크림색의 아름답고 고급스러운 부채였다. 더욱 감동한 이유는 부채에 친필로 졸저의 첫 문단이 빼곡히 들어차 있었다. 부채를 부칠라치면 그 글자들이 날개를 달고 춤을 추는 듯해 얼마나 가슴이 벅찼던지. 그 글자를 쓰기 위해 붓을 고르고 먹을 갈고 편편하지도 않은 부채 위에 그걸 쓰기 위해 공들였을 것을 생각하면 마음이 아득해졌다. 그때까지 입은 은혜에 은혜가 더해져 절대로 갚을 수가 없을 것 같아서였다. 그러면서도 마음 한쪽에서는 강물이 바람을 타듯이 충만함으로 술렁거렸다. 하늘과 같은 선생님께 사랑을 받는 거는 이런 거로구나. 큰비로 인해 강물이 범람하는 것처럼 속에서 뭔가 꽉 차오르는 거로구나 하고 느꼈다. 절대로 이 은혜를 잊지 말자고, 열심히 공부하고 써보겠다는 다짐이 저절로 들었더랬다.

가끔 나보고 문운이 있다고 말하는 사람이 있다. 그런 소리를 들을 때마다 당치도 않는 말이라며 고개를 흔들면서도 곰곰이 생각해보면 또 틀린 말도 아니지 싶었다.

지금, 이 글을 쓰면서 깨달았다. 이렇게 등단 초기부터 넘치도록 응원을 받았기 때문에 그 자양분을 먹으며 조금씩 자랐기에 이런 소리를 들을 수가 있었던 거였다. 물론 앞길이 멀다. 하루에 몇 번씩 잘 쓴 글을 읽으며 절망하는 나날이 연속이다. 또 글이라는 게 쓰면 쓸수록 어렵고 지난한 여정이라 힘이 빠질 때도 많고 요원하지만, 그때 부채를 받고 마음으로 다짐했던 맹세를 잊으면 안 될 거였다. 무엇보다도 지금도 여전히 응원해 주시는 걸 잘 알고 있기에 더 그렇다.

여전히 선생님께만은 세월이 비껴가길 기도하지만 신이 허락하지 않는다면 제발 천천히 시간이 흘러 건강하게 오래도록 저희 곁에 계셨으면 하는 마음이다.

선생님 오래도록 건강하세요.

혼자 부르는 영혼의 노래와 향기

최종월

시간을 거슬러 올라간다.

10여 년을 거슬러 지인과 함께 '문학시대'라 쓰인 사무실 문을 밀고 들어서니 단아하신 원로시인께서 맞이해주셨다 어떤 말을 해도 내 입장에 서서 이해해 주실 것 같고 품어주실 것만 같은 인상을 받았다. 우선 마음이 편안해졌다. 그리고 마주 앉으며 '와, 아버지와 많이 닮았네.' 내심 반갑고 놀라웠다. 모나지 않은 얼굴과 반듯한 이마, 또렷한 이목구비와 미소까지 생전의 아버지를 마주하는 느낌으로 바라보았다. 구수한 커피향이 사무실 가득 휘돌았고 선생님께서 손수 따라주시는 커피맛은 지금도 잊히지 않는다.

두 번째 뵐 때 아버지 사진을 들고 갔다. 너무 닮았다는 생각에 꼭 보여드리고 싶었다.

"선생님과 많이 닮으신 아버지 사진을 보여드리고 싶어 가져왔습니다."

사진을 보시는 선생님께서 허허 웃으셨다.

"그러네. 닮았어요."

"그렇죠? 선생님 처음 뵐 때 깜짝 놀랐어요."

내심 황당하게 생각하셨을지도 모른다. 두 번째 뵙는데 돌아가신 아버지 사진을 내밀었으니.

원로시인과 어려운 만남이었지만 편안하게 사무실을 드나드는 데는 오랜 시간이 걸리지 않았다.

사무실이 있는 명륜동에서 오래 사신 아버지가 문득 그리워질 때면 선생님이 계시는 '문학시대' 커피향이 그리워진다. 지금은 예전처럼 자주 가지는 못하지만 부모님이 계시던 골목을 지나 사무실로 향하기 때문에 잠시 발걸음을 멈추곤 한다. 몸에 비해 무겁게 느껴지는 성경가방을 어깨에 둘러메고 명륜중앙교회로 새벽기도 다니시던 어머니의 모습도 그리면서 그 대문 앞을 기웃거리기도 한다.

명륜동과 문학시대, 문학시대와 성춘복 선생님, 그리고 부모님의 시간.

선생님의 시를 읽으면 늘 가슴이 아련해진다. 그토록 가슴을 긋는 그리움을 노래한 원로시인은 드물다. 선생님 시의 한가운데 웅크리고 있는 그림자가 짙고 너무 크다. 예술가는 특히 시인은 존재에 대한 외로움에서 탄생한다고 말할 수 있다. 그러나 누가 얼마나 더 마음 아프게 껴안고 있느냐는 다르다. 농도의 차이이다.

외로우니 시인이다. 많이 듣고 읽은 문장이지만 이 말을 떠오르게 하는 시를 자주 만나지는 않는다.

선생님의 삶에 대해 상세히는 알지 못하지만, 인내하며 고민하며 누군가를 향해 어딘가를 향해 끊임없이 찾아가는 외롭고 긴 여로가 시인의 길이 아니었을까. 선생님을 뵈면서 혼자서 자문자답을 했다.

개인 시집으로 내 서가에 제일 많이 꽂힌 게 선생님의 시집들이다. 열 권이 넘는다.

지금은 말씀이 많이 줄어들고 조용히 귀 기울이시며 눈으로 반기시는 원로시인님.

선생님의 자리를 조용히 지켜주시는 것만으로도 시인의 품격이 어떤 것인지를 몸으로 보여주신다. 2005년에 출간된 『그림자놀이』 시인의 말에서 '상상력이 생산력으로 전환되면 노동도 유희에 가까워진다'는 칼 마르크스의 말을 인용하셨다.

분명 우리들의 창작은 상상력이 생산력으로 전환되는 노동이다. 긴장과 고뇌의 시간이지만 다른 어떤 노동보다 기쁨을 얻을 수 있는 노동이 아닐까? 그래서 시인의 길을 걷고 있다. '단 한 사람을 위해서도 나는 혼자 부르는 노래를 계속 할 작정이다.'라고 1995년에 출간된 시집 『혼자 부르는 노래』에 쓰신 시인의 말이다.

요즘은 잘 쓴 시보다 좋은 시를 찾아 읽는다. 시를 통해 시인의 체취가 묻어나는 시, 사람냄새가 나는 시를 만나고 싶다. 선생님의 뒤를 따라가는 내가 보인다.

끝으로 『여든의 하루를 사는 법』에 쓰신 '시인의 말' 중에서 뽑아 선생님의 육성을 직접 들어본다.

모든 장소에서 나는 침입자였고 모든 역에서 나는 늘 이방인으로 아웃사이더의 역할 밖에 하지 못했다. 모두가 친절했으며 결코 나를 거부한 적이 없었으나 나는 언제고 손님이었고 그저 떨떠름한 자세로 소통의 불 감정에 시달려 왔다.

나의 결핍, 나의 오만.

그렇기에 다른 사람에 대한 헌신도 없었으므로 나는 어느 시간이거나 허기져 있고 상처받아 아파했다.

아무튼 나는 늘 강한 압박과 궁핍 속에 있었다.

많은 서적과 오밀조밀 빚어낸 새들과 시화들과 차향으로 어우러진 문학시대 사무실, 그 자리를 지키는 건강하신 선생님을 오래도록 뵙고 싶습니다.

미수를 축하드립니다.

당산의 묵향 속에서

- 尙南 선생님께

박 영 배

선생님, 무섭게 퍼붓던 빗줄기가 많이 잠잠해졌습니다. 예년과는 양상이 달라진 장마가 끝나가는 모양입니다. 그래도 궂은 날씨는 한참은 더 이어질 것입니다.

그날은 쾌청한 가을이었지요. 문예지 『문학시대』의 사무실이 있는 혜화동로터리의 플라타너스들은 벌써 누렇게 시든 잎을 떨구고 있었고, 건너편 고등학교의 돌담을 바람막이하며 누워있는 노숙자 조각상은 낙엽 몇 장을 얼굴에 덮고 따가운 오후 햇살을 피하고 있었습니다. 오래된 서재와도 같은 작은 사무실은 고서의 묵은 냄새와 부드러운 커피 향이 뒤섞여 푸근한 느낌을 주었습니다. 저는 옆구리에 끼고 온 원고 뭉치와 함께 근엄한 듯 온후한 원로시인의 풍모를 대하면서 편안한 마음으로 인사를 나눌 수 있었습니다.

선생님과의 그 짧은 만남은 더 숙고해볼 겨를도 없이 긴 인연으로 빠르게 굳어져갔습니다. 사무실이 명륜동으로 자리를 옮긴 후에도 '문학시대인회'의 월례 모임 장소인 그곳으로 발걸음은 계속되었고, 모임이 있는 날에는 늘 저의 조급함과 인내심의 경연장으로 바뀌면서 긴장을 늦추지 못하는 시간과 함께하는 일이 다반사가 되었지요. 그렇지만 얼마 남아있지 않은 자존심을 다그치며 자존감을 입질하는 순간순간의 그 아슬한 여유를 또 어디서 만끽하겠나 싶었습니다.

'문학시대인회'는 선생님을 모시고 공부하는 오래된 모임이지요. 저는 이 모임에서 친목을 다지면서 문학 전반에 관한 지식을 얻기도 하지만, 선생님 말씀을 통하여 시를 쓰고 대하는 마음가짐과 시인으로 갖추어야 할 자세 내지는 덕목을 배우고 익히는 일에 큰 의미를 두고 있습니다. 『문학시대』의 36년 역사와 궤를 같이해온 '문학시대인회'가 오랜 세월 많은 어려움 속에서도 진정한 문학인의 산실로 자리매김하고 있는 것은 선생님의 문학에 대한 식지 않는 순수한 열정과 앞을 내다보는 혜안이 아니고는 달리 설명이 되지 않을 것입니다. 낡고 녹슬어 무뎌진 저의 총기(聰氣)를 묵향과 붓끝으로 달구고 두들겨 쓸모 있게 벼려 주시는 선생님의 그 신묘함이 놀라울 뿐입니다.

선생님은 지난날 여러 선배 문인으로부터 많은 가르침을 받았다고 회고하신 적이 있습니다. 박종화・신석초・오영수・김구용・황금찬・박목월・한성기・조병화 시인 등이 그분들인데, 선생님이 시인으로의 삶을 시작하고 살아오는 행로에 한결같이 깊게 영향을 준 스승이 있다면 그분은 바로 신석초 시인일 것입니다. 지천명을 넘어선 즈음에 상재한 자전적인 수필집(예술가의 삶)에 "사람으로서 지성으로서 언어로서 시인이 갖추어야 할 문학과 삶의 자세와 방법을 실천적 몸짓으로 물려주신 분, 맛과 멋을 아울러 인간적 훈기와, 또 보람으로 살아 있게 지혜를 일깨워주신 분, 석초(石艸) 신응식 시인이 내게 던진 엄정한 몸짓과 사고법이 너무나도 또렷하게 내 안에 깊이 뿌리하고 있다."고 단호한 어조로 묘사되어 있는 것을 보면 선생님은 평생을 스승으로 섬긴 신석초 시인의 가르침을 삶의 실천적 진리로 마음 깊이 받들고 있다는 생각을 지울 수가 없습니다.

신석초 시인의 가르침은 선생님을 비롯하여 김후란 · 김여정 · 홍희표 · 임성숙 시인 등이 주축이 되어 '시와 시인' 공부모임으로 이름 지은 '화요회'에서 주로 이루어진 것으로 보입니다. 이 원로시인들이 지금도 문단의 사표(師表)로 존경을 받으며 우리 사회에 영향을 미치고 있는 것은 문인으로서 갖추어야 할 인품과 덕성에 대한 신석초 시인의 가르침이 바람직한 삶의 자세로 여전히 중요하게 인식되고 있기 때문일 것입니다.

시인으로서, 학인으로서 선생님의 진정한 면모는 문단 원로들의 진솔한 말씀 속에서 그대로 드러납니다.(성춘복 『공책』) 문단의 큰 어른이셨던 황금찬 선생님은 "누군가 내게 시를 가장 사랑하는 시인을 찾아달라고 하면 주저하지 않고 그는 성춘복이라고 말할 것"이라고 말씀하셨는가 하면, 선생님과 문단의 동지로, 친구로 60여 년 세월을 함께 걸어오고 계신 김후란 선생님은 "그는 좋은 시인이요 뛰어난 문장가요 화가요 출판전문가이며, 요즘 같은 인스턴트 범람시대에 우리 문화의 소중한 보루를 지켜가는 분이라는 면에서 귀한 존재라 할 것이다."라고 강조하셨지요.

'문학시대인회' 공부모임에서 선생님의 가르침을 온전히 받아 익히려고 말씀 한마디 한마디에 몰입하는 것은 어찌 보면 선생님의 그러한 성품이 조금씩 저의 내면에 자리하기 시작한 까닭인지도 모르겠습니다. 선생님의 말씀을 가슴에 담으면서, 그리고 선생님의 작품을 하나하나 찾아 읽으면서 시인으로 겪어야 했던 아픔과 고뇌를 느껴보려 하고, 시 쓰기를 포기할 수 없었던 이유와 그토록 다다르려고 고심했던 그 지향점을 어렴풋하게나마 그려보며 선생님의 시 정신과 그 세계에 한 발짝이라도 더 다가서려고 애쓰는 시간이 저에게 주어진 것은 큰 행운이 아닐 수 없습니다.

그간 선생님의 가르침에 힘입어 다수의 시집을 출간하였습니다. 그중 몇몇은 손수 써주신 장문의 평설로 치장하는 호사를 누렸지요. 또 선생님의 작품에 저의 졸시 몇 편 얹어 시선집을 꾸미기도 하였고, 얼마 전에는 부족하지만 여러 해에 걸쳐 발표한 비평들을 평론집으로 엮어 세상에 선보이는 보람도 있었습니다. 모두가 선생님을 가까이에서 모시게 된 요행으로 일궈낸 소중한 결실이지만 선생님께 외려 누가 되지는 않을지 걱정 또한 크기도 합니다. 그러면서도 다시 한 번 선생님과 춤 한판 신명나게 어우르는 모습을 상상하는 날이 잦아지니 참으로 염치없는 일입니다.

선생님! 바로 엊그제였지요. 21번째 시집 『여든의 하루를 사는 법』 서문에 "길에 속았고, 모든 역에서 이방인이었고, 늘 허기져있었으며, 자유롭고 싶었고……, 삼십 대 후반부터 하얗게 바래어버린, 또 그 숱도 점점 엷어버린 내 머리칼에 대한 나의 갈망은 오로지 하늘로만 뻗어가는" 것이라며 여전히 뜨거운 열정을 내보이셨지요. 이방인의 하얗게 바랜 머리칼로 올려다보는 그 하늘은 어떤 모습인가요?

멧부리의 눈길을 한 방향으로만 기울이고 서 있는 당산(堂山)의 묵향이 맑아 그윽합니다. 뜰 안에 미수의 세월을 반겨 들이시고 들렌 듯 홍안으로 사시는 선생님의 놀라운 일상에 늘 봄꽃 향기 가득하기를 기원하며 13번째 시집 『마음의 불』 갈피 속에 깊이 숨겨놓으신 시 한 편 음미해 봅니다.

늦은 봄의 하루
또 철 잃은 바람 앞에서
떠도는 풀씨를 본다

큰 키의 버들
큰 키의 미루
민들레도 높은 우산을 받쳐든다

아주 열심히
허공을 날아서
들녘 그득히

이 봄의 들녘을
토막낸 내 음절을
둥 두둥 띄운다

솟구쳤다 고갤 숙이고
숙였다간 다시 솟구치는
내 봄날의 꽃씨를.

- 「봄날의 들녘」 전문

선생님! 고맙습니다

이순남

선생님과의 인연은 2005년 『시대문학』 여름호(72호)에 「마애불」 외 9편으로 신인문학상에 당선되며 시작되었습니다.

경기 이천에서 출생하여 자라 1965년 6월 여군장교로 임관되어 1984년 퇴역할 때까지 내가 아는 세상은 극히 한정적이었습니다. 군대라는 특수한 곳의 울타리 안에서 근무지를 따라 서울, 대구(병무청), 부산 등을 옮겨 다녔습니다. 부산에서 군수사령부 여군 대장을 끝으로 퇴역을 할 때까지 소녀 시절 문학에 대한 꿈을 이루지 못했습니다. 평생 군인이 천직인 줄 알고 살았습니다. 그런데 늦은 나이에 성 선생님을 뵙고 되고 시를 쓰는 시인이 되었습니다.

평생을 돌고 돌아 이제야 제 자리로 돌아온 듯 선생님의 문하에서 시를 쓰는 지금이 행복합니다. 고맙습니다.

선생님은 제게 찾아온 귀한 손님이며 보배입니다. 누구 앞에서도 당당한 에너지입니다. 등단 18년! 아직도 시 작업이 두려워 굴렁쇠잠으로 살고 있습니다만 선생님이 계셔서 든든합니다. 존경합니다.

공작산과 선생님

손영순

안방에 걸린 선생님의 그림을 바라봅니다. 십여 년 전 선생님의 그림 전시회에서 안고 온 작품입니다. '공작산'이란 제목의 이 그림은 겨울 나목에 쌓인 눈의 정경인데 바라보고 있으면 어쩜 이리도 포근한 느낌이 들까요? 문인들을 늘 다정히 맞아주시는 선생님의 그 마음이 담겨서인 것 같습니다. 일상에서는 엄정하시지만 선생님의 마음이 따뜻함을 알기 때문입니다.

반추상화처럼 보이는 이 그림은 처음 보았을 때는 한 마리의 공작새가 도도하게 날개를 펼친 모습이었습니다. 하지만 요즘은 두 마리가 마주 보며 서로를 품은 듯합니다.

그림과 시가 온 삶이었던 선생님이 수필로 삶을 보듬은 동반자를 만난 것도 운명인 것 같습니다. 「사랑은 예의거니」에서 '큰 잔치상은 사랑의 기쁨'이라시던 선생님은 어렵게 만난 님과 힘들고 외로웠던 지난날들을 서로 잠재우며 '귀 씻고 눈 닦아 맘까지 맑아지기'를 바랐겠지요.

늦은 나이에 만난 임과 함께 가는 세월이 아쉬워 여행으로 고운 추억들을 쌓느라 분주하던 모습이 어제인 듯합니다. 참 보기에 좋았습니다.

그런데 몇 해 전 복더위에 중환자실에서 한 달을 의식불명으로 계실 때는 혹시라도 먼 길 떠나실까 봐 마음 졸였습니다. 하지만 곁을 지킨 님의 정성일까요? 기운을 차리시고 다시 우리 곁에 돌아오셨을 때 얼마나 안심이 되었는지 모릅니다. 새로운 삶을 맞이하게 된 양하여 백수하시리라 믿고 있습니다.

"아름다움은 분명 쓸모가 없다. 하지만 그것 없이는 도저히 우리를 지킬 수가 없다."는 프로이드의 교훈을 가슴에 묻고 삶의 끝자락까지 시인의 마음 놓지 않으시는 선생님.

60여 년이 넘는 시작(詩作)으로 문학인들의 등불이 되신 선생님. 진심으로 존경합니다. 끝없는 인간의 욕망을 시심으로 달래시며 평안과 안정을 찾으신 선생님. "문학은 내 삶의 편안이고 내 시의 안정이다." 하신 말씀대로 맑은 시인의 마음, 평생을 쌓은 선생님의 시들을 그림 속 공작산도 영원히 품고 있으리라 믿습니다.

최근에 남기신 선생님의 시어들을 다시 한번 되새겨 봅니다.

그렇다
묻지를 말자
죽음의 셈법은.

-「물난리」 중에서

서둘러
돌아서야 할
저켠의 어둠길을.

-「노을녘엔」 중에서

삶의 끝자락이 어디일지, 언제일지 아무도 모르는 일이지만 그날을 맞이하는 날까지 열심히 사는 일이 최상의 길임을 선생님은 평소에 실천으로 보여주셨지요.

다시 한 번 나목에 내려 앉아 따뜻하게 품고 있는 공작새 한 쌍을 바라봅니다.

선생님, 하루의 저물 녘, 곱게 물드는 노을처럼 아름다이 물드시기를 기원합니다.

상남 성춘복 시인과 어머니 김난초

김 성

성춘복 선생님을 알게 된 것은 순전히 어머니를 통해서였다. 어머니의 두 번째 시집 출간을 위해 거동이 불편하신 어머니를 대신하여 어머니의 육필 노트를 들고 찾아뵌 것이 선생님과의 첫 만남이었다. 선생님의 사무실 문을 두드릴 때에 느꼈던 설렘과 두근거림은 이 만남이 예사롭지 않을 것임을 미리 알려주는 것만 같았다. 건물 2층 유난히 정숙했던 그 공간을 지나 사무실 문에 이르는 동안 커져가던 그 난데없는 긴장감은 지금 생각해도 마치 내 나름대로 치르는 무슨 의식처럼 소중한 연줄 잇기의 전조였다. 벌써 오래전 일이지만 새삼 기억의 창고에서 이 첫 만남을 소환하는 것도 스스로도 의아했던 그때 그 감정을 이 기회에 갈무리하고 싶기 때문이다.

어머니가 존경해 마지않던 거목 같은 분을 처음 뵙게 되는 기대감에다가 불안감까지 그늘져 있었다. 그런데 이런 우려를 불식시키기까지는 그리 오래 걸리지 않았다. 문을 밀고 들어서자 이미 선생님이 문 안 입구까지 나와 계셨던 것이다. 전혀 예상치 못한 응대에 잠시 허둥댔던 기억이 난다. 아니, 약속을 지금까지 잊지 않으셨구나. 좀 오래된 약속이라 자연스레 가물가물해졌을 텐데…. 초행길이라 두리번거리며 건물 찾느라 스멀스멀 생겼던 불안감이 선생님의 은근히 진정한 손님맞이로 휙 사라져 버렸다. 아마도 일면식도 없었던 나를 기다렸다기보다는 어머니와의 각별했던 인연을 기다리셨던 것이리라.

이렇게 시작된 만남에서 느꼈던 가장 큰 감정은 고마움이다. 내 어머니의 이름 앞에 시인이라는 직함을 달아주시고 어머니의 시를 좋아해주시고 끊임없이 격려하셨으며, 혼자 계시는 어머니에게 맛있는 밥도 곧잘 사주셨다. 어머니는 늦깎이로 시인이 된 것을 무척 감격스러워하셨으며, 좋은 시를 쓰시고자 하는 열정은 여느 젊은이 못지않았으며 무엇보다도 시 쓰기 자체를 좋아하셨다. 그런데 이 모든 것이 그나마 가능했던 게 성춘복 선생님께서 나이든 제자라고 내 어머니를 각별히 챙겨주셨기 때문이었다.

이처럼 선생님께서는 문학적인 기본 영향력에다가 지극히 인간적인 따뜻한 교류를 듬뿍 가미하셨다. 문학모임이 파한 후에 전개되는 맛집 기행이라든지, 문학적 향기가 서려 있는 장소에로의 문학 답사 등등이 어머니 노년을 풍요롭게 해주었다고 어머니는 입버릇처럼 자랑하셨다. 선생님께서는 맛집도 많이 아셔서 어머니와 여기저기 분위기 좋은 곳에서 재미있는 이바구를 곁들이시며 맛나게 식사하셨다는 것을 늘 흐뭇해 하셨다. 무엇이든 최고로 즐기실 줄 아시는 진짜 멋쟁이 상남자이시다라는 극찬까지 하시면서 말이다. 이렇게 어머니로부터 상남 성춘복 시인에서 시작하여 결국 상남자 성춘복이라는 결론으로 끝맺게 되는 문학시대 혜화동 이야기는 언제 들어도 늘 재미있고 새로웠다. 나는 그럴 때마다 "아휴, 참 엄마는 복도 많수. 멋쟁이 상남자와 격조 높은 대화에 맛있는 식사도 다 하시고. 그것도 한참 연하남 아니우~~" 하였다. 부러움 듬뿍 담은 나의 맞장구에 어머니는 아주 대만족이셨다. 지방에서 근무하느라 어머니를 자주 찾아뵙지도 못하고 그야말로 맛있는 식사 한 번 제대로 사드리지 못하고 서울에서 뵈올 때조차 오히려 어머니에게 맛있는 집밥을 얻어먹는 입장이니 이런 맞장구는 어머니를 즐겁게 해드리는 동시에 미안한 마음을 해소하는 그야말로 일석이조의 계산적 맞대응이었다. 그런 점에서 나는 성춘복 선생님께 빚을 진 셈이다. 내가 어머니께 갚아야할 빚을 선생님께서 종종 대신 갚아주셨기 때문이다.

어머니는 그 이후 심한 골다공증으로 서울에서의 모든 활동을 접으시고 내가 사는 김해로 내려오셔서 7년간 누워만 계시는 긴 침대 생활을 하시면서도 그 시절 즐거운 추억을 회상하시며 행복한 힘을 다시 내시곤 하셨다. 그러니 상남 성춘복 시인 아니 상남자 성춘복이라는 분이 내게는 너무나 고마운 분이 아닐 수 없다. 그래서 선생님을 뵙게 되면 거동이 자유롭지 못하심까지 어머님 모습과 겹치면서 맛있는 쿠키와 케이크 등을 선물로 고르면서도 그 은혜를 다 갚기에는 턱없이 부족한 송구스러움을 느낀다.

좋은 인간관계란 학력 연령 지위 상하가 전혀 문제가 되지 않는

관계이다. 친구 사이같이 편한 관계란 이러한 여러 조건들이 하등 문제가 되지 않고, 그냥 마음이 통해서, 그냥 같이 시간을 보내는 게 좋아서, 그냥 잘 해주고 싶어서, 그냥 맛있는 것을 먹을 때 생각나 같이 먹고 싶어서, 그냥 남들이 뭐라든 편들어 주고 싶어서, 그냥 무엇이든 어떤 행동이든 나만은 이해 가능한 그저 그런 그냥 관계인 것 같다. 그래서 그런 관계는 처음 만남 그대로 처음 먹은 마음 그대로 계속 이어질 수 있는 것 같다.

성춘복 선생님과 어머니와의 관계를 보면, 물론 나의 개인적 관점이지만, 처음과 끝이 한결같은 만남이었다. 물론 두 분이 서로 통하기도 했지만 그것은 특히 서로에게서 익숙한 옛 정서의 고향 같은 맛과 멋을 느꼈던 때문이리라. 어머니 덕에 맺어진 성춘복 선생님과 나와의 관계도 어머니의 마음인 고마움이 내게도 이어졌고 이 글을 쓰는 이 순간까지도 그 마음이 그냥 그대로 이어지고 있다.

어느덧 미수(米壽)의 나이에 이르신 선생님. 미(米)자 속에 8(八)이 두 개 들어있어서 88세를 가리킨다는 백년 미수에 이르기까지 한시도 한눈 팔지 않고 돈도 안 되는 문학의 길을 묵묵히 걸으시면서 굽이굽이마다 시계탑(詩界塔)을 쌓으셨고 게다가 후진 양성에 힘을 다하셨다. 마치 눈가리개를 한 말처럼 앞만 보고 달려오신 선생님의 초지일관 시에 대한 사랑과 열정에 숙연해지기까지 한다. 오로지 시 쓰기에 매진하신 것은 선생님도 얘기하셨듯이 자신을 지키고자 함이셨다. 흙탕물 속에서 어떻게든 꽃 하나를 피워내려면 이것저것 다 할 수는 없는 노릇이고 오로지 그 아름다운 가치 하나만을 부여잡고 처절한 씨름을 할 수 밖에 없었던 것이다. 선생님께서는 평생을 복잡함과 난잡함과 시끄러움과 얽힘에서 자유하시고자 자기와의 지난한 싸움을 해오셨다. 이제 그 아름다운 궤적이 미수의 나이가 되어서야 겨우 오롯이 보이는 것만 같다.

멋과 맛의 상남 선생님

임익홍

상남 선생을 처음 만나 뵌 것은 15여 년 전 여름이다. 선배 문인 오기환 선생의 차에 동승하여 양수리 세미원에 연꽃 구경을 하러 따라나섰었다. 신원역 부근 식당에서 점심으로 연잎밥을 먹었다. 연잎에 싸서 찐 찰밥인데 진한 향내가 잊히지 않는다.

그때만 해도 세미원에 뜬다리가 없었다. 연꽃 구경을 하고 정문으로 나와 강변을 따라 두물머리 느티나무가 있는 데까지 걸어갔다. 그 길 중간에 비닐하우스로 된 식물원이 있었는데, 좋은 분재들이 많았다. 상남 선생은 독특한 것이 있으면 메모장을 꺼내 스케치를 하셨다. 두물머리에 가서도 풍경을 둘러보고 메모장을 꺼내셨다. 스케치를 하는 멋있는 모습이 오랫동안 머리에 남아 있다.

상남 선생의 문하에서 글공부를 하지 않아서 뵐 수 있는 기회가 별로 없었는데, 두어 해 후 도서출판 소소리에서 내 산행문집 『도봉산이 부른다』를 출간하면서 여러 번 뵙게 되었다. 선생께서 내가 찍은 사진과 선생님의 그림을 작은 액자에 넣어 표지 그림을 만들어 주셨다. 다른 책과는 다른 데가 있다고 좋아하셨다. 그리고 2013년 말경에는 내 기행문집 『거룩한 땅을 찾아서』의 장정도 선생께서 맡아 주셨는데, 이번에도 독특한 표지의 그림에 자신이 만족해하셨다.

선생님과 점심을 같이 하게 되면 선생님은 사무실 부근에서 맛깔스러운 식당을 찾으셨다. 애호박을 썰어 얹어 놓은 손칼국수며, 담백한 맛의 생선구이 등이 생각난다. 식사 때에 반주는 한 잔만 받아놓으셨는데 내게는 서너 잔을 따라 주시며 권했다. 선생님의 글과 그림에는 멋이 있었고, 음식에는 맛이 있었다.

2018년에 내 두 번째 시집 『산은 그 자리에 있다』를, 그리고 네 해 뒤에 세 번째 시집 『나무와 꽃과 들풀의 노래』를 선생님의 도서출판 마을에서 펴냈는데 장정을 선생님께서 맡아 주셨다. 두 번째 시집을 내고 분당에 있는 이탈리아식 식당에서 담백한 맛의 피자와 파스타를 소개시켜 드렸더니 퍽 좋아하셨다. 그 후에 가보고 싶어 하셨지만 코로나19로 못 가셨다고 했다.

선생님은 책을 낼 때마다 마음에 드는 문장 한 구절을 골라 부채에 적고, 그림도 그려 주셨다. 거기에 선생님의 친밀한 정이 들어 있다. 그것이 4개가 되었다.

선생님에게 직접 글공부를 받지 않았어도 오랫동안 친분을 지닌 것처럼 느껴지는 데에는 다른 이유가 또 있다. 선생님과 해외여행을 두 번이나 같이한 것이다.

첫 번째는 2014년 8월, 4박 5일의 일정으로 러시아의 극동지역인 블라디보스톡과 우스리스크, 그리고 하바롭스크를 다녀왔다. 선생님과 친분이 있는 문인들과 함께 일제 강점기에 선열들이 시베리아 지역에서 독립운동을 했던 발자취도 찾아보았다.

그리고 3년 뒤에는 사회주의 국가인 베트남의 가톨릭 성지순례를 4박 5일 일정으로 다녀온 것이다. 일반적으로 잘 알려지지 않은 베트남에서의 성지순례는 특별한 체험이기도 했다.

코로나19 역병으로 선생님을 뵙지 못한 지도 어느덧 서너 해가 되었다. 미수를 맞으신 선생님이 부디 건강하시기만을 빌 뿐이다.

하늘만큼 존경하는 성춘복 선생님께

박종숙

선생님 생신을 진심으로 축하드립니다. 어느새 미수(米壽)를 맞으셨군요. 선생님과 혜화동 사무실에서 뵙던 때가 엊그제 같은데 세월이 참 빠른 것 같습니다. 문득 지난 시간들을 돌아보게 됩니다.

제가 선생님을 처음 뵈었을 때가 34년 전쯤으로 기억됩니다. 제가 처음 시를 공부하던 시절 '신미회'라는 동인을 결성하고 동인지를 내기 위해 선생님을 찾아뵌 것이 선생님과의 처음 인연입니다.

그날부터 저는 시를 공부한답시고 시작노트를 품에 안고 혜화동으로 선생님을 뵈러 다녔지요. 입구부터 책 냄새가 가득한 복도를 지나 문을 밀고 들어가면 커피향이 먼저 반기던 곳, 그곳엔 어김없이 선생님이 계셨고 선생님은 책이며 원고가 산더미처럼 쌓인 책상에 엎드려 일을 하시다가 안경을 고쳐 쓰시고는 반김과 동시에 바로 질문을 하셨지요.

"일찍 왔네, 전철역에서 여기까지 오는 동안 몇 명의 사람을 보았는고?"

"네?"

저는 갑자기 물으시는 질문에 대답을 못하고 기억이 안 난다고 말씀을 드렸지요.

"그럼 혜화역에서부터 동성고등학교 앞을 지날 때까지 무슨 나무가 많던가?"

느닷없이 던지시는 질문 때문에 고개도 못 들고 절절 매던 기억이 지금도 생생합니다. 급히 오느라 땅만 보고 걸었던 게 후회되었습니다. 선생님은 미리 내려놓으신 커피를 컵에 따라 주시며 천천히 말씀을 하셨습니다.

"시를 쓴다는 건 관찰이 매우 중요한 겁니다. 즉 세상을 보는 눈을 키우고, 작은 것도 놓치지 않을 때 좋은 시를 쓸 수 있습니다. 보통 사람들은 볼 수 없는 것도 시인은 볼 수 있어야 합니다. 고개를 들어 하늘도 올려다보고, 구름의 변신도 따라 그려보고, 바람의 울음소리도 들을 줄 알아야 합니다. 세상에 이름 없는 것은 없으니 나무며 풀이며 꽃들의 이름을 자주 불러보세요. 그러면 그들이 대답이라도 하듯 시가 되어 내게로 옵니다."

그날부터 저는 선생님 말씀을 가슴에 깊이 새기며 습관처럼 관찰하는 버릇과 동식물의 이름을 기억하기 위해 부단한 노력을 했습니다. 저는 너무나 부족한 사람이었기에 공부가 많이 필요했습니다. 선생님께서는 문학뿐 아니라 제게 세상 살아가는 법을 많이 가르쳐 주셨습니다. 돌아보면 제 삶의 중심엔 언제나 선생님이 계셨고 저는 선생님을 아버지처럼 믿고 겁 없이 성큼성큼 낯선 길도 내디딜 수 있었습니다. 그리고 제가 어렵고 힘들 때마다 선생님께 지혜를 얻어 해결하곤 했는데, 그리고 누구보다 많은 사랑을 받은 제자인데 선생님 은혜에 보답도 못 드리고 이렇게 살고 있어 죄송합니다.

제가 만나본 사람들 중에 가장 예술가답고 멋진 신사가 우리 선생님이 아닌가 생각합니다. 시는 물론이고 음악, 미술, 음식, 여행 등등 모두 다 남들보다 뛰어나게 잘 아시는 분이 선생님이지요. 선생님 뒤에 서서 걷기만 해도 그 기운 받을 것만 같아서 늘 선생님 뒤를 졸졸 따라다니면서 열심히 배우고 행복한 시간을 많이 보냈습니다.

제가 오랫동안 선생님 곁에서 배운 게 참 많은데 그중 하나가 편지 쓰기입니다. 아침 일찍 사무실에 나오셔서 전날 온 우편물을 일일이 챙겨 보시고는 잘 받았노라고 바로 답장을 쓰시는 모습을 닮기로 했습니다. 매일같이 도착하는 책이며 편지가 꽤 많았는데 하나도 빼지 않으시고 엽서를 쓰셔서 우체국 문이 열리면 직접 가서 부치시곤 했지요. 그리고 선생님은 바쁘신 중에도 쉼 없이 책을 읽으시는 걸 늘 곁에서 보았습니다. 다양한 종류의 책들을 읽으시는데 날마다 서점에 책을 주문하시고 책이 왔다고 전화가 오면 급히 가셔서 책을 받아와 너무나 행복한 얼굴로 책을 읽으시곤 하셨습니다. 선생님의 그 방대한 지식이 폭 넓은 독서에서 나온 게 아닌가 생각하고 저도 열심히 따라서 해봤지만 쉽지 않은 일이었습니다.

젊은 날 소리를 크게 내신다고 선생님 친구 분들이 '성고함'이라는 별명을 지어 드렸다지요. 경상도 말씨라서 약간 거세게 들릴 수도 있었겠지만, 속마음은 너무나 여리시고 인정이 많아서 어려운 사람들을 그냥 지나치지 못하시는 것을 자주 보았지요. 또한 사람들과의 인연을 아주 소중하게 여기시는 모습을 뵈면서 존경스런 마음에 고개가 숙여지곤 했습니다.

세상에는 많은 인연들이 있지만 스승과 제자로 만나는 인연은 부모와 자식만큼이나 소중하고 값진 것이란 걸 잘 알고 있습니다. 선생님의 바람대로 큰 나무로 자라지 못해서 너무너무 죄송합니다. 비록 제가 몸이 성치 않아 자주 찾아뵙지는 못하지만 선생님께서 주신 가르침 하나도 잊지 않고, 늘 마음 안에 감사함과 죄송스런 마음을 품고 살아가고 있습니다. 제가 이 세상에 와서 선생님을 만난 것은 가장 큰 축복이고 행운이었습니다. 선생님 고맙고 또 고맙습니다.

선생님! 진심으로 米壽 축하드립니다. 앞으로도 건강하시고 행복하게 오래오래 사시길 진심으로 기원합니다.

그때 바다를 보았다

- 尙南 선생님의 米壽를 축하드리며

조재학

그때 나는 바다 앞에서

파도를 몰고 오는 바닷물의 속도와
해풍이 안고 오는 냄새들의 비린 맛을
음미하고 있었다 젊은 날이었다

해풍이 머리카락을 날렸다

멀리 수평선에 시선을 놓고
그 끝에 배 한 척을 올려놓기도 하면서

전화기 저편에서 그분의 목소리를 들었다

- 글보다 사람이 먼접니다

바다 빛 하늘에 비행기 한 대가 지나가고 있었다
하늘은 늘 가까운 듯 멀어서 내가 보고 싶을 때만 보였다

바람이 분다
바다 앞이다.

상남 찬가(尙南讚歌)

지술현

성경에는 천국의 값진 가치를 취하는 두 가지 이야기가 나옵니다.

하나는 밭을 갈던 농부가 흙 속에 감추어진 보물을 보고 기뻐하여 자기가 가진 소유를 다 팔아 그 밭을 사는 이야기이고, 다른 하나는 극히 값진 진주를 발견한 진주 장사가 자기 가진 소유를 다 팔아 그 진주를 사는 이야기입니다.

두 사람 다 보물의 가치를 알아보는 혜안(慧眼)을 가지고 그 가치에 맞는 값을 자신이 소유한 전부를 내놓으며 기쁘게 그것을 취합니다.

상남(尙南) 성춘복 선생님은 천상병 시인의 주목받지 못한 시의 가치를 알아보고 세상에 꺼내어 작품으로 조명 받게 하는 혜안과 감성뿐 아니라 출판인으로서도 뛰어난 분이셨습니다. 문학의 땅에 묻힌 보화를 발견하면 외면하지 않고 그 값을 깎지도 아니하고 구하여 깨끗하고 빛나게 다듬고 엮어 세상에 드러내는 작업을 하지만 그 값으로 나를 세우지 않으셨습니다.

상남(尙南) 선생님의 시 「퉁소」에서는 버둥대는 인생의 모든 순간의 귀결을 우리나라의 전통 음률인 '궁상각치우' 5음계로 하나하나 풀어 시어로 덧입히는 순간, 시는 이미 춤을 추기 시작하는 새로운 형태로 변하여 맛과 멋을 온몸으로 전율하게 합니다. 군더더기 없는 상남(尙南) 선생님의 작품세계는 인품과도 닮아서 성군의 품격으로 한 시대의 문학을 누리고 이끈 최고의 낭만적 음유시인이었고, 어느 한순간에 정체되지 않고 쉼 없이 새로운 형식을 추구하고 발전시킨 문학 장인이셨다고 할 수 있습니다.

저에게 달(月)에 한 번 상남(尙南) 선생님 뵈러 가는 길은 참 기쁨의 길이었습니다.

단정히 깎인 노란 연필 끝을 따라 어미가 조금, 위치가 살짝, 맛깔난 언어와 음률의 조화를 가르쳐주실 때면 어느 순간 오그라들던 졸작이 흙 속의 진주처럼 반짝 빛을 내었습니다.

이처럼 문학의 열정에 인생의 외길을 걸어오신 상남(尙南) 성춘복 선생님은 진정 밭에 감추어진 보물이요 진주 장사가 찾은 극히 값진 진주와 같은 시인이시기에 같은 길을 걸으며 감히 문하생으로 시간을 보낼 수 있었음에 감사와 존경의 마음으로 이 글을 올립니다.

흙으로 덮었다고
그 빛이 가려지랴!
눈 질끈 감았다고
어둠이 그 빛 뚫을까!
인고의 세월을 업고

지켜온 한평생 글밭에는
감추려 감추려 해도
님의 풍요로운 시어들이
천년의 노래로 피어
길이 남아 빛나리
길이 남아 빛나리!

- 상남 찬가(尙南讚歌)

만나다

박현주

꿈에도 생각지 못한 일이 생겼습니다. 지면에서만 봤던 문단의 어른 성춘복 선생님을 만나게 된 것입니다. 청담동성당 수필동호회에 입회하여 꾸준히 글을 써오던 나는 드디어 『문학시대』에 등단하게 되었습니다.

『문학시대』에서 신인상을 받으면서 선생님을 만났습니다. 어딘가 깐깐하지만 부드러운 미소와 단정한 용모까지 갖춘 멋쟁이로 나의 기억 속에 남게 되었습니다.

사물을 사랑하고 책에 대한 애정의 남다름이 선생님의 시에서 묻어 나오는 것을 느꼈습니다. 나는 시의 언어는 잘 모릅니다. 그런데 성춘복 선생님의 시를 읽고 있으면 어느새 눈가에 이슬이 맺히기도 하고, 희망을 노래하기도 하고, 꿈을 꾸게도 하고, 고향의 따뜻함을 느끼기도 합니다.

또한 미적 감각이 섬세하고 뛰어납니다. 시와 그림을 접목한 시화전을 한국뿐 아니라 뉴욕에서 열기도 했습니다. 나는 그림과 문학을 사랑하는 한 사람으로서 선생님을 존경합니다. 선생님은 영광스럽게도 당신의 그림으로 내 책 표지를 디자인해 주셨습니다.

선생님은 내가 수필집을 발간할 때 조언과 격려의 말씀을 해주셨습니다. 우편물을 정리하는 것도 도와주신 자상한 분입니다. 그리고 '예술은 살아있어야 한다'고 하셨습니다. 선생님의 말씀에 나는 살아있고 진솔한 글을 쓰려고 노력합니다.

사무실을 들어서면 소소한 그림까지 곁들여 있어서 집안 구석구석 선생님의 손길이 미쳐서 잔잔한 아름다움이 깃들어 있습니다. 전체를 보면 어수선한 듯하지만 하나하나의 선택이 섬세한 미적감각으로 드러납니다. 그러한 것들이 책을 만드는데 기여하는 바가 있을 것 같습니다. 우희정 선생님의 손길이 더 보태어져 빛납니다.

시와 그림을 통해서 사랑과 따뜻함이 담겨져 있습니다. 선생님의 문학을 사랑하는 열정이 후배들에게 길이길이 이어지기를 기원합니다.

따뜻한 인연

권옥희

숱하게 흘러간 시간의 궤적을 따라가다 보면 가슴부터 뭉클 솟는 인연의 첫 만남이 보인다. 내 곁을 스쳐간 수많은 사람들과의 인연 중에도 성춘복 선생님은 내게 꺼져서는 안 될 등불이었다. 문학에 전혀 문외한이었던 내게 스승이자 아버지 같았던 선생님, 그 첫 만남은 한국문인협회의 시 연구반 수업을 받으면서였다. 따로 문학수업을 받은 적도 없었고 글을 잘 쓴다는 생각도 없었다. 아이들 동화책을 사면서 서비스로 따라온 한국단편소설 20권짜리 한 질을 읽고 또 읽고 하면서 소설 읽는 재미를 느끼다가 방송국에 편지를 써서 보내면 뽑히고 또 백화점 사보 같은 곳에 투고를 하면 뽑혀서 상품을 받는 재미에 글을 썼던 나였다.

그러다가 KBS라디오 황인용 강부자입니다 프로그램 중 '붓 한 자루에 내 마음 담아'라는 코너에 시라고 할 것도 없는 처음으로 쓴 시를 투고해 직접 방송국에 가서 낭독하는 영광을 누리고부터 시 쓰는 재미에 빠지기 시작했다. 방송에 출연했던 인연을 계기로 만난 몇몇 동료들과 한 자루 붓 동인을 결성하고 본격적으로 동인 활동에 들어가면서 시 공부의 필요성을 느끼게 되었고, 우리 수업을 담당했던 성춘복 선생님이셨다. 그때는 유명한 시인들을 마주하며 곁에 있는 것만도 행복해서 황금찬, 조병화, 허영자 선생님 등 당대의 유명했던 시인들을 뵈면서 얼마나 행복했는지 모른다.

매주 한 편씩 자신이 습작한 시를 써가지고 가면 동료들과 함께 잘못된 부분을 지적해가며 잘 썼다고 칭찬받을 때도 있고 이건 시도 아니라고 혹독하게 꾸중 들을 때도 있었다. 그러다가 문인협회 사무실이 아닌 혜화동로터리에 있는 선생님의 시대문학 사무실에서 공부하게 되면서 숱하게 드나들던 혜화동로터리 붉은 벽돌 건물이 지금도 눈에 선하다. 책장을 가득 채운 책만 봐도 배부를 것 같던 시절, 온갖 아기자기한 소품들로 선생님의 취향을 그대로 드러낸 사무실은 늘 커피 향이 나고 꽃향기가 흘렀다. 누가 선생님 사무실을 찾든 꽃을 사다 꽂는 분들이 있어 원형 테이블에 놓인 꽃은 모양도 색깔도 향기도 각각으로 시들지 않는 모습을 보여주었다.

아무 음식이나 드시지 않고 아무 옷도 안 입고 아무 장소나 가시지 않던 선생님, 참 모시기 까다로워도 마음으로 전해지는 따뜻함은 늘 한결같으셨다. 그래서 우리는 선생님을 좋아했고 선생님 주변에는 늘 여성 문인들이 함께했다. 공부한 지 일 년이 지나고 92년 선생님과 함께 양수리 두물머리로 시를 찾으러 가서 얻은 시 「두물머리」 외 9편으로 함께 공부하던 동기들 중 내가 제일 먼저 선생님이 주간으로 계시는 『시대문학』 봄호에 신인상으로 등단하게 됐다. 본격적으로 문인의 대접을 받으면서 내가 쓴 시에 책임을 져야 하는 만큼 부담도 컸다. 지금은 엄두도 못 낼 일이지만 신인 시절은 누구나 그렇듯 멋모르는 시절이니만큼 겁도 없으니 가능한 때였다. 함께 공부했던 동료들이 『월간문학』, 『예술세계』 등에 차례로 등단하면서 선생님은 우리에게 다산 정약용 선생님의 풍류계인 죽란 시사에서 이름을 따 '죽란 시'라는 이름까지 지어주면서 동인 활동을 하게 했다.

93년 동인시집으로 1집인 『장미차를 생각함』을 시작으로 『여유당 뜰을 걷는 구름의 말씀』, 『다섯 개의 강』, 『나무숲 다섯 가락』까지 다섯 권의 동인지를 펴냈다. 우리의 시에는 어쩌면 선생님이 들려주시는 말씀 하나 사물을 바라보는 감성의 표현력 하나까지 밑알처럼 깔려있는지도 모르겠다. 시를 찾는 게 아니라 주우러 간다며 여유당 뜰을 걸어보게도 했고 풍경 좋은 선운사, 마곡사 같은 사찰 여행은 물론 햇살 좋은 잔디밭에 앉아 문학에 대한 많은 이야기와 과거 선배 문인들에 대한 에피소드도 많이 들려주셨다. 덕분에 우리는 아이처럼 무럭무럭 자랐고 어느새 등단 30년의 역사를 이루면서 몇 권씩의 시집도 냈다.

선생님의 마음엔 언제나 사랑이 넘쳤다. 우리뿐만 아니라 누구에게도 그랬다. 언젠가 나들이 갔다 오는 길에 마침 내가 선생님 옆자리에 앉았는데 운전 중이던 선생님이 급정거하는 상황에도 한쪽 팔을 뻗어 내가 앞으로 쏠리는 것을 막아주었다. 안전벨트도 하지 않았던 그때 얼마나 감동받았는지 지금도 그 일을 잊지 못한다. 그런 세심한 배려 덕에 어쩌면 내가 쓰는 시에도 사랑이 스며들고 사물을 바라보는 따뜻한 시선이 녹아들지 않았을까.

지금으로 치면 선생님 연세 한창인 60대에 만나 어느새 선생님 연세 미수(米壽)라니 가물가물해지는 선생님의 기억 속에 내 이름도 한자리 차지하고 있을까? 늘 함께할 것 같았던 선생님과의 만남을 나는 오래도록 갖지 못 했다. 세상에서 숨어버리고 싶을 만큼 갑자기 바뀐 집안 환경 때문에 살기 위해 뒤도 돌아보지 않고 오직 앞만 보면서 참 힘겹게 버티던 때였다. 그러다가 강서문인협회의 상금 일천만 원인 강서문학 대상을 받고 선생님이 평을 써주시고 만들어 준 첫 번째 시집에 이어 20년 만에 선생님 출판사인 마을에서 두 번째 시집을 내면서 은혜에 보답고자 했다. 사무실에서 동료들과 조촐한 출판기념까지 열어주시고 질부채에 선생님이 직접 써준 시집 제목이기도 한 「그리움의 저 편에서」 시는 오래도록 가보로 간직해야 할 것 같다.

어느새 선생님도 연로하시고 나도 할머니 나이가 되었다. 30년 넘게 시로 맺어진 선생님과의 따뜻한 인연을 돈독하게 이어오지 못한 게 죄송스럽기도 하지만 무엇으로도 갚을 수 없는 은혜와 선생님 제자로서 부끄럽지 않은 시인으로 남아야겠다는 각오는 늘 가지고 있다. 부디 선생님께서 건강 잘 지키셔서 오래도록 우리 곁에 버팀목으로 우뚝 서 계시기를 오늘도 기도해 본다.

내가 만난 선비시인

신영옥

1995년 가을 어느 날. 노란 은행잎 날리는 여의도 공원을 지나 포스트모더니즘 시인 김경린 선생님과 연대 국문학과 전규태 교수님을 따라 혜화동 성춘복 한국문협 시분과 위원장님께 인사를 갔다. 물론 두 교수님들께서 성춘복 위원장님과 협의 할 내용이 있으셨겠지만 나는 유명시인을 처음 뵙는다는 설렘이 컸다.

직접 운영하시는『문학시대』사무실에는 수북이 쌓인 책들과 테이블에 놓인 서류가 바쁜 일상을 알려주는 듯했지만 반겨 맞아주시는 친절함은 새내기인 내겐 조심스러우면서도 기분 좋은 만남에서 인상 좋은 선비로 다가왔다.

“시를 쓰게 되었으니 잘 하였군요. 두 분의 제자이니 잘 알고 있겠지만 한 편의 시 안에 시인의 품성이 담겨 있으니 좋은 시 쓰기에 노력해야 한답니다.” 그 말씀을 새기며 주시는 문학지를 감사히 받았다.

세 분은 한국현대시에 대하여 말씀을 나누시는 듯 간혹 웃음이 섞이는가 하면 현대시 흐름을 걱정하시는 듯 고개를 끄덕이기도 하셨다. 당시 김경린 선생님께서는 '한국신시학회'를 창립하실 때이니 서로의 격려가 필요 했으리라. 상호 협조하는 모습을 느끼며 "찾아와서 반갑다. 또 오라."는 말씀을 들으며 인사를 드리고 발길을 옮겼다.

그 후 '문학의 집· 서울' 행사 때 뵙게 되어도 상임이사님으로 참석하시는 성춘복 이사님은 과묵하시고 간혹 주시는 말씀에도 품위가 있으시어 존경하는 마음이 굳어져 갔다. 계간으로 발행하는 『문학시대』나 우희정 선생님이 보내주시는 출판물을 대할 때마다 아직은 미수(米壽)라기보다는 청년의 마음으로 그려내시는 삽화를 보며 깊은 호응을 전하며 감사를 드린다.

다음은 성춘복 시인의 자작 시조 한 편을 소개한다. 음미할수록 감명이 깊다.

노 을

- 성춘복

누군가
무슨 일로
가을에 돛을 다나

하늘은
새 붉음이
횃불로 되어가고

내 맘도

바람에 밀려
매운 철로 향 하더이

성춘복 시인님 만수무강을 비오며 축시를 드립니다.

내가 만난 선비시인님

상남(尙南)성춘복 시인님
부드러운 인상과 후덕하신 성춘복 시인님은
1936년 3월 16일 경북 상주시에서 출생하셨으니
일제의 탄압이 극심할 때, 세계2차 대전 회오리를 몸소 겪으신 청소년
일제로부터 해방과 1948년 8월 15일 독립의 기쁨을 체득하시고
1950년 6월 25일 북한 공산당의 남침으로 몸소 겪은 동족상쟁
시인님은 대한민국 현대사의 증인이 십니다

일찍이 문학에 뜻을 두시어 제자들을 기르시고
한국문인협회 이사장으로 문단을 이끌어 가시며
문인들을 격려하신 우리나라의 참 지도자이십니다.

그간 수많은 시와 수필로 독자들의 감성을 다독여
밝고 맑은 문학인의 등불이 되셨으니
세계인이 선망하는 문학의 거목이십니다.
부디 만수무강하시어
장수시대의 남녀노소들에게 문학의 기쁨과 인문학의 진실을
세계만방에 펼치시며 행복을 누리소서.

더욱 복된 나날 되소서

김영례

꽃을 세 번 피우는 남자가 있었다. 첫 번째는 그냥 화단에 예쁘게 피는 꽃이고, 두 번째는 잘 말린 꽃잎을 갈무리해두고 일 년 내내 예쁘게 엽서나 카드를 만들어 주변의 사람들에게 보내곤 하는 꽃이고, 세 번째는 그렇게 예쁘게 꾸민 카드를 받는 사람들의 가슴에서 감동으로 피는 꽃이었다.

그가 꽃을 말리는 과정을 보면 여간 정성이 아니었다. 두꺼운 사전류에다 한지를 한 장씩 넣어가며 꽃을 말리는데 내가 그냥 책갈피에 넣어 말린 것과는 늘 차이가 났다. 가끔 내가 카드를 보내야 할 일이 있으면 언제나 그에게서 마른 꽃을 얻어 쓰곤 했었다.

요즘에는 축하할 일이 생기면 카톡을 통해서 깜찍한 모양의 이모티콘과 함께 실용적으로 바로 쓸 수 있는 쿠폰을 보내는 게 일반이 되었다. 그러다 보니 손수 카드를 만들어 보낸다거나 예쁜 카드를 만드는 일이 거의 없다. 그래도 나는 누구의 생일이나 축하할 일이 있으면 예쁜 카드가 생각난다. 문구점에 가서 카드를 찾아봐도 마땅히 맘에 드는 카드가 없다. 그렇다고 옛날처럼 손수 만들 생각은 하지 않는다.

어느 자리에서 아주 점잖은 노신사를 뵙게 되었다. 인사를 드리고 보니 문인협회회장을 역임하신 상남 선생님이셨다. 선생님의 존함은 이미 익히 들어 왔으며, 그분의 시 「오지행」에서 60년대 시대의 아픔을 절절히 노래하신 것을 알고 있었기에 참으로 반가웠고 만남이 영광이었다.

그런데 그 노시인에게서 꽃을 세 번 피워내는 남자의 모습이 겹쳐 보였다. 상남 선생님께서도 꽃을 말려 예쁜 카드를 만들어 주시는 모습을 본 것이다. 젊은 시절 열정과 순수함으로 가득하던 시절에는 그런 카드를 만들고 보내는 일이 그리 별나다고 생각하지 않았지만 요즘에도 그런 카드를 만들어 보내는 사람이 있다는 게 의외였다. 더더구나 연세가 많으신 분이 여전히 이런 카드를 만드신다는 게 참 경이로울 정도였다.

노시인은 그림을 그리는 수준도 상당해서 카드뿐 아니라 부채나 나무, 또는 돌에까지 그분의 손길이 지나면 작품이 되곤 했다. 모두 편하고 빠른 것만을 선호해서 이제는 지난 추억거리에 불과한 일들이 노시인에게는 여전히 일상이 되어 있었다. 어쩜 그는 여전히 꿈을 꾸는 마지막 로맨티스트인지도 모르겠다. 이런 소년 같은 순수함이 있기에 여전히 아름다운 시어들을 쏟아내는 것이 아닐까?

내가 가장 아끼고 사랑하는 친동기나 다름없는 자매가 그분과 사랑을 나누고 있었다. 일찍 많은 고초로 세상살이에 어느 정도 달관한 자매인데 그만 그분의 순수함에 빠지고 말았다. 꿈만 먹고 평생을 살아오신 노시인에겐 집 한 칸도, 젊은 아내를 호사시킬 만한 아무것도 없었다. 그런데도 한번 눈이 멀어진 자매는 22살의 나이 차에도 크게 문제 삼지 않았다. 다만 노시인의 고고한 인격과 뜨거운 열정과 70여 년의 세월에도 때 묻지 않은 그 순진무구함에 반하고 말았다. 아니 어쩜 그녀의 마음을 맨 처음 흔든 것은 곱게 말린 꽃으로 예쁘게 만든 별난 카드였는지도 모르겠다.

지난 세대에나 쓰던 예쁜 카드에 사랑의 시구들을 담은 카드가 풍파로 어지럽던 마음에 큰 파장을 일으킨 게 틀림없어 보인다. 나는 두 사람의 결혼식에 초대되었다. 당연히 온 맘으로 축하해 주어야 하건만 진심으로는 축하하는 맘보다는 걱정되고 염려하는 맘이 더 컸다.

그러나 두 사람은 나의 염려와는 달리 서로 존중하고 아끼며 보듬으며 남은 시간을 곱절로 늘여서 살아가고 있다. 이 시대에 마지막 남은 순수한 소년과 함께 하루를 잘 다독이며 살아가는 자매를 보면서 조금은 안심을 하게 된다. 그러고 보면 상남 선생님은 말년에 복이 참 많으신 어른이시다. 정말 존경하고 사랑하는 귀한 사람을 만나 서로 오순도순 정답게 살아가는 모습이 얼마나 아름다운지 모르겠다. 남은 날들 더욱 아끼며 사랑하는 귀한 날들이기를 기도한다.

성춘복 선생님과 나

이양자

교직에 30여 년 있으면서 시나 수필은 전혀 생각해본 적이 없었다. 논문 쓰기나 번역에 바빴고 나는 문학적인 글쓰기 재능이 없다고 생각하며 살았다.

정년퇴임하고 난 이후 편안하고 따뜻한 노후를 지내리라 여겼는데 돌연히 남편이 암에 걸려 세상을 떠나고 나니 2009년, 내 나이 69세였다.

애들 셋도 시집 장가 다 가고 텅 빈 집에 나 혼자였다. 말로 표현할 수 없는 고독과 허망함이 몰려왔다. 그래서 그 큰 공백과 허망함을 달래기 위해 다시 배우기로 작정하고 부산대학교 평생교육원에서 꼬박 3년, 시를 3학기 배우고 수필을 3학기 배웠다.

그리하여 능력도 없으면서 시도 등단했고 수필도 등단하게 되었다.

시는 같은 대학에 재직했던 이문걸 선생님한테 개인적인 코치도 받았다.

그리하여 부산시단 뿐만 아니라 서울의 『문학시대』에서도 시로 등단을 할 수 있게 추천을 해주셨다. 2015년이었다. 서울로 추천을 해주시면서 성춘복 선생님 말씀을 하셨다. 홀로 되신 지 오래된 유명한 시인이신데 많은 여류문인들이 문학시대를 둘러싸고 있다고….

등단 통지서를 받고 나는 너무 반가워서 완도 전복을 조금 사서 성춘복 선생님께 보내드렸다. 부산 분이시다는 얘기도 들어서다. 그런데 혼자 사시는 남자분이 어찌 손질을 하실 수 있을까 여겨서 전화를 드렸더니 "내자가 손질을 잘 해주었다."고 하셔서, 아~ 이제 재혼을 하셨구나 여겼다.

그 이후 서울 가면 문학시대에 들르는 일도 있어서 근엄하신 성춘복 선생님도 뵙고 친절하고 야무지고 다정하신 우희정 선생님도 만나는 즐거움을 누릴 수 있었다.

다시 2019년 나는 수필로 『문학시대』에서 등단을 했다. 그리하여 문학시대 33주년 되는 2019년 신년호에 119번째로 수필 신인상을 받았다. 날짜는 따뜻한 봄날 3월 22일 오후 3시였다. 남산의 문학의 집에서.

수필 신인상 받던 날 나는 성춘복 선생님으로부터 등단패를 받은 후 악수를 청하시는 선생님께 악수는 안하고 허그를 하면서 그 부처님 같으신 선생님을 얼싸 안았다. 얼마나 그 자리에 계신 분들이 놀라셨을까? 가히 짐작이 가고도 남는다. 그러한 데는 내 나름의 이유가 있었다.

친구들과도 만나며 뒤늦게 안 일인데 성춘복 선생님이 나와 경남여중, 경남여고 6년을 함께 다닌 동창생인 성영자의 오빠였던 것이다. 나는 6남매의 맏이라서 늘 오빠가 있었으면 했는데…. 그래서 그날 그렇게 당당히 친구의 오빠와 허그를 한 것이었다.

그 이후 다정한 성격의 친구 영자를 만나 여러 얘기를 들었다.

아무튼 오빠는 학생 시절부터 어디 같이 가면 언제나 그 지역의 경치를 가지고 다니는 수첩에다 연필로 스케치를 했단다.

어머니에 대한 또 하나의 이야기는, 오빠가 어릴 때 맨 처음 말을 배워서 입을 떼기 시작하자 어머니께서는 "하늘의 말문이 열렸으니…." 하시며 글을 쓰셨다고 했다. 그러고 보면 사업을 하셨다는 아버지보다 늘 글을 읽고 쓰셨다는 어머니의 문학성을 물려받은 것 같다.

2008년 92세의 어머니 윤학술 여사께서 '예술가의 장한 어머니상'을 수상하심은 참으로 가슴 뿌듯하고 장하신, 그리고 멋지고 너무나 당연한 일이었다.

성춘복 선생님의 시 「어머니를 보내며」에서 마지막 구절을 외워본다.

나의 삶
나의 시
나의 숨까지 주신 어머니
아주 영이별을 앞두고
나는 자꾸 헤맨다.

또한 친구 영자는 쾌활하게 웃으며 얘기해준다. 집안에서는 오빠 이름을 '춘복'이 아닌 '말복'으로 놀리기도 한다면서, 어찌 그리 오빠는 노리(老羸)에 늦복 즉 말복이 많으셔서 그렇게 멋진 우희정 선생님을 맞이할 수 있었는지 참으로 감탄스러운 일이라며 그 프러포즈 방법이 90개가 넘는 부채 선물이었음을 말한다. 참으로 아름답고 고답적이고 멋진 관계, 한 편의 영화 같은 이야기가 아닐 수 없다.

성춘복 선생님의 시 「상사화」를 몇 줄 써 보며 그때의 애절한 마음을 생각해 본다.

내 울 안
깊은데 갇힌
타다 남은 숯덩이

네게로 흘러나간 내 속 뜨건 눈물

야멸찬 꿈은 어디 연고도 찾지 못해.

제목은 거창하게 「성춘복 선생님과 나」이지만 사실 나는 선생님과 마주보고 이야기도 자주 나누지 못했지만 늘 다정하신 오빠 같은 마음이다.

이제 이 글을 마치면서 우리 성춘복 선생님의 미수 잔치를 맞이하여 늘 두 분의 건행하심을, 친구 오빠야를 감히 나도 오빠처럼 생각하면서 만수무강을 빈다.

가을 소묘

박자원

감나무에 감들은 붉어지고
은행나무의 은행들은
제 냄새를 뽐내며
거리로 곤두박질
한 발자국씩 가을은 떠나가고

청명한 하늘 빛과
맑은 공기
그 속에서 듣는 음률
선선한 바람결을
느낄 수 있는 나날들

혜화동 골목길 들어가면
따스한 차와 부드럽게
바라봐 주시는 분이 계셔

궂은 날씨에도 안 빠져
열심히 쓰고 가고 오고

궁궐들의 담길 따라
걸어다니며
모든 것이 글의 소재라고
살아가면서 스쳐지나거나 길게 곁에서
꼼꼼하고 차분하게 알려주시던

자연 속에 작게
아름다운 무지개처럼
깃들어 사는
그런 모습이
참 좋았는데.

상남(尙南) 선생님과 나

한정순

미수(米壽)를 맞으신 상남 선생님 진심으로 축하인사 올립니다. 더욱 건강하셔서 후배들에게 좋은 꿈 심어주시기를 기원합니다.

제가 선생님을 처음 뵌 것은 혜화동 선생님 사무실이었지요. 문단의 큰 어르신이신 선생님은 풋내기인 제가 가면 언제나 손수 차를 내려 주시곤 하셨어요. 글쓰기에 대한 조언도 마다하지 않으셨습니다. 그로부터 인연이 되어 내외분과 여행도 참 많이 다녔지요. 베스트 드라이버이신 우 선생님은 언제나 우리의 기동력이 되어주셨어요. 그래서 하늘로 난 창이 있는 풍경화도, 통영 es리조트도 두 분의 폭넓은 그늘이었습니다. 언제 어디서나 여행 중에도 스케치를 하시던 선생님은 망해사에서는 서해바다를 품고 있는 종루를 그려 주시기도 했지요. 그뿐인가요. 선생님이 어려운 이들에게 도움을 주시고자 '문학의 집 · 서울' 전시실에서 '꿈의 집'을 통해 재능기부 하실 때 만드신 집도 한 채 주셨지요. 액자에 담긴 종루와 빨간 지붕의 집이 선생님 저서가 꽂인 책장 앞에 나란히 놓여있습니다. 참 아름다운 추억입니다. 부디 건강하셔서 오래오래 우리 곁에 계서주시기 기원합니다. 선생님 많이 감사했습니다. 건강하세요.

이 자리를 빌려 제가 좋아하는 선생님의 시 한 수 올립니다.

바람이었네, 천둥이었네
가슴 깊은 모래펄을 쓸고 가는
가을밤의 폭풍이었네

고목 사이 손을 뻗으면
새 한 마리
슬퍼도 울지 않는 둥지였네

빗소리였네, 어둠이었네
뱃머릴 흔드는
사나운 흐름이었네

곤히 잠들었던 내 출항지
한 방울의 파문으로도
가라앉으려 하네

바람은 없었네, 어둠은 없었네
썰물과 밀물에 들고 날
나의 길은 없었네.

-「폭풍의 노래」 전문

아직도 낯설고 신비로운 선생님

윤수영

계간 문예지 『문학시대』 등단으로 수필의 길에 늦게 들어섰다. 대학교에서 오랫동안 강의하면서 감동한 수필을 언제인가 쓰고 싶다는 꿈을 실현하기 위함이었다. 반복되는 교사생활에서 벗어나 자연과 일상에서 일어나는 모습을 세밀하게 관찰하면서 의미를 추출하려고 노력했을 뿐, 문인들과 교제는 소홀하게 여겼다. 그들의 세계에 들어가서 예술에 대하여 함께 토의하고 인간적인 교류를 했다면 지금보다 훨씬 개성적인 작품을 산출하지 않았을까. 보이지 않는 다른 길이 있다고 상상도 못하고 보이는 길만을 따랐다.

등단 때 발행인으로 뵙게 된 성춘복 선생님은 말이 없으시며 근엄하게 보였다. 그 후로 선생님을 뵈올 때마다 나는 예의로 인사만 했다. 문학시대 출신 수필동인들이 한 달에 한번 만나서 작품을 토의하는 동안, 성 선생님은 문이 열린 옆방에서 책을 보시거나 그림을 그리는 것 같았다. 일찍 도착한 나는 회원들이 오는 동안 자연스럽게 선생님이 그림에 열중하는 모습을 뒤에서 바라보았다. 선생님 손이 움직일 때마다 나타나는 그림은 환상적인 감탄을 불러일으켰다. 작품집에 넣을 삽화나 겉표지에 넣을 작은 그림들이 너무 매력적이었다. 손이 한번 움직일 때마다 피어나는 꽃, 집과 풍경 등은 추상화로 변했다.

어느 소식지에서 성시인이 요즘 집을 짓고 있다는 소식에 궁금했다. 강원도 어디쯤에 별장을 짓는가 보다 짐작했다. 나중에 알고 보니 그 집은 실제의 집이 아니며 나무토막을 칼로 파서 만든 조그만 집들인 조각품이었다. 하나하나 다른 모양의 집은 예술적인 장식품이었고 '문학의 집 · 서울'에서 전시되었다.

시에 대한 강의나 시 낭독 등, 시로 인한 선생님과의 인연을 가지지 못했다. 출판된 선생님의 시를 이해하기도 부족했고, 시가 상징하는 의미를 추출하려는 노력도 하지도 않았다. 그 때문에 선생님께 다가갈 명분이 없어서 항상 선생님의 손끝에서 나오는 자그마한 그림과 조각품에 감동하면서, 표출되는 작품으로만 오묘한 존재로 느꼈다. 그러고 보니 선생님은 늘 환상 속에서 시나 조각 또는 그림 등에 몰두하느라고 생활과는 먼 거리에 있는 분 같았다. 들리는 말에 의하면 거주하기에 불편할 정도로 작은 전세 집에서 살고 계신다고 한다. 그만큼 선생님은 현실보다는 예술에 파묻혀 사는 신묘한 분으로 여겼다.

『문학시대』를 발행하면서 시집과 수필집, 산문집, 기행문 등 여러 가지 책을 출판한다. 그때마다 작품의 표지를 그려 넣거나 그 안에 삽화로 작은 그림을 넣어서 그 책에 생기를 불어 넣는다.

2008년 남편의 연변대학교 박사과정 한 학기 강의에 따라갔다. 그곳에서 조선족이 우리 민족이며 중화민국 국민이라는 사실을 처음 알게 되었다. 길거리 간판이 한글과 중국어로 표기되어서 신기했고, 때로는 우리나라로 착각할 정도였다. 연변대학 외국인 기숙사에서 생활하는데 불편한 것이 별로 없었다. 도서관 직원이나 경비가 대부분 조선족이어서 걸림돌이 있어도 두렵지 않았다. 때때로 중국어를 알지 못해서 어려움에 처할 경우에는 조선족이 스스로 다가와서 도와주었다. 즐겁고 편한 일상생활 때문에 조선족이 우리나라 사람이라고 착각할 정도였다.

6개월을 지내는 동안 조선족과의 일상을 관찰하면서 노트북에 일기로 기록했다. 낯설지만 따뜻한 그들의 풍속들이 눈에 들어왔다. 귀국하자마자 연변에서 경험한 조선족에 관한 내용을 책으로 출판했다. 책 내용을 읽으신 성 선생님께서 책의 제목을 『낯선 길의 조선을 찾아』이라고 바꾸어주시고, 표지도 한반도와 연변의 위치를 지도로 그려주셨다. 독자들이 책의 내용을 훨씬 쉽게 터득할 수 있는 제목과 표지였다. 동시에 조선족이 우리 민족임을 암시해 주었다. 뜻깊은 제목과 표지에 여간 고마운 것이 아니었다. 그런데도 그런 마음을 표현하지 못했다. 그만큼 성 선생님은 가까이 다가갈 수 없는 어려운 분이었다. 나뿐 아니라 다른 사람들도 성 선생님을 일상적인 사람으로 생각하지 않는 것 같다.

예술계에 위대한 시인으로 우뚝 선 선생님의 생활은 지극히 소박하다. 땅을 떠나 공중에서 사는 분처럼 세속과는 거리가 먼 분 같다. 나는 늘 먼 거리에서 마음으로만 존경할 뿐이다. 내 작품의 제목과 표지를 만들어 주신 선생님인데도 나는 실제로 '고맙습니다.'라는 말 한마디도 드리지 못했다.

시간이 더 흐르기 전에 찾아뵙고, 내 책의 겉표지를 뜻깊은 의미로 만들어 주신 것에 대한 인사를 드려야할 텐데, 요즘에는 뵙기가 어렵다. 코로나19 이후로 옆방에 오시지 않는 것 같다. 그 방의 주인이 米壽에 이르셨다니….

백세시대인 현대에 이제는 우리 수필모임에도 오셔서 합평해주셨으면 하는 바람이다. 그때는 '고맙습니다.'라는 인사를 드리고, 나도 용기를 내어 작품의 평을 받으며 시에 다가가는 법과 예술인으로 살아가는 법까지 가르침을 받고 싶다.

상남 선생님

조윤정

'상남' 선생님과의 인연이 어언 30여 년이다.

문학행사장에서 가끔 뵙다가 '소소리 출판사' 우대표와의 인연이 더해져 가까운 '우리 선생님'이 되었다. 여행을 즐기시는 선생님을 따라 한국 땅 아름다운 곳은 물론 해외까지 이곳저곳 참 많이도 유람을 했다.

십여 년 전 호박 섬 나오시마에 들렀던 일은 지금도 기억이 또렷하다. '쿠사마 야오이'의 검은 물방울무늬가 인상적인 빨간 호박을 실제로 마주했을 때의 기쁨과 건물 자체가 작품이었던 '베네세하우스'에서 묵었던 호강(?)은 선생님의 예술지향적 고집 때문이었다.

주마간산으로 휘둘러보고 나올 여정을 세세하게 일러주시고 앞장서시던 모습이 눈에 선하다. 일본을 자주 들르시는 선생님 덕에 맛집, 공원, 쇼핑까지 섭렵을 하고 다녔던 여러 번의 일본 여행은 '참 잘 갔었다!'로 저장되었고, 하와이 이주 130년 기념식에 참석하러 들렀던 하와이도 선생님의 권유가 아니었으면 기껏 패키지여행으로

나 갔을까.

단호하고 약속이 우선인 성품으로 '잔소리'를 마다않던 선생님. 지켜야 할 선을 넘는 사람들에게는 불필요한 간섭이었을지 모르지만 내게는 일일이 맞는 말씀이니 '구시렁구시렁' 주인공들이 '왜 저럴까?'였다.

선생님이 '미수(米壽)'시란다.

백발이 성성하시고 먼 거리의 운신이 불편하시다.

속절없는 세월에 가슴이 아릿하다.

선생님, 그래도 여행은 가셔야지요.

제가 적금 들게요. 우리 1등석 타고 가기로 해요.

성춘복 선생님과 나

김세영

선생님께서 미수를 맞이하시어, 시전집을 발간하실 계획이시라고 한다. 그동안 선생님과 인연을 맺은 분들의 글도 함께 모아 부록으로 실으실 것이라고 한다.

선생님께서는 고혈압과 뇌혈관질환으로 2006년부터 2019년까지 13년간 순환기 내과 전문의사인 필자의 클리닉에 다니셨다. 후반 몇 년간은 사모님을 대동하고 다니시다, 거리가 멀고 보행이 다소 불편하시어, 자택 인근 병원에서 진료를 받고 계신다. 연세가 많아지시면서 점점 쇠약해지시는 모습을 보는 것이 무척 안타까웠다.

선생님을 처음 뵙게 된 계기는, 문효치 선생님 지도로 시 공부를 한 후, 『문학시대』로 시 등단을 하게 된 인연의 덕이다. 그때는 선생님께서 논현동에 사실 때이다. 인사 겸해서 자택 인근에 있는 선생님의 단골 스테이크 레스토랑에서 몇 번 식사를 같이 한 적이 있다. 선생님께서는 미식가로 문단에 알려져 있기도 하여서, 작지만 안티크한 실내 분위기에 음식 맛도 깔끔하고 좋았다는 기억이 난다.

2007년도에 필자가 쓴 선생님의 인터뷰에서, 미식가다우시게 즐겨 다니시는 전국의 유명 맛집을 소개해 주셨다. 경상도식 진주 추어탕집(구마산), 된장과 두부 요리는 구기동의 민속집, 만두와 떡국은 북악 터널너머의 자하, 보리굴비와 병어찜은 청담동의 굴비집, 오분작이 된장국과 갈치구이는 서초동의 서귀포식당, 통영음식으로 소문난 장충동의 전원 등등 말씀해 주셨다.

선생님의 초기 시풍은 문인화를 보듯 시어의 결이 단아하고, 시상의 흐름이 유려하며, 섬세한 이미지의 서정시라고 생각되었다. 아마도 박목월 시인, 청마 시인, 신석초 시인을 좋아하시고, 그 시풍을 이어 받으신 것이라고 생각된다. 선생님의 시를 읽으면 현악사중주를 들을 때의 느낌이 든다. 박영배 문학평론가는 최근(2022년) 「해체와 변용 - 성춘복 시학, 또 하나의 시선」이란 평론에서 "첫 시집을 상재하고 30여 년이 지난 시점에서 사랑이나 한을 청승이란 가락에 얹어 보려 했던 범주에서 벗어나, 색다른 시 쓰기를 결행한다."라고 최근의 시적 변신을 평하였다. 원로시인이신 지금도 창조적 변신을 시도하시는 선생님의 모습에서 경의와 존경심을 드리지 않을 수 없다.

평소의 젠틀하신 인품이 시작품에서도 그대로 느껴지는 것 같았다. 젊은 시인에게도 존댓말로 인격적으로 대해 주셨다. 1971년에 천상병 시인이 실종됐을 때, 선생님은 동료 문인들과 함께 천시인의 『새』라는 시집을 발간했었다. 그런데 이 시집 발간이 보도됨으로써 무연고자로 서울시립 정신병원에 수용돼 있던 천 시인이 발견되어 화제가 되었다고 하였다. 이 또한 선생님의 시인으로서의 인품을 보여준 사례라고 생각된다.

선생님께서는 그림에도 타고난 재능을 보여 주셨다. 『문학시대』의 잡지, 시집, 수필집, 여러 단행본의 삽화들을 손수 그리셨다. 펜과 붓으로 간결하면서도 생동감 있는 삽화를 그리셔서 책을 세련되고 품위 있게 만드셨다. '문학의 집·서울'에서 그림 전시회를 하셨을 때 작품 한 점을 구입해서 병원 대합실에 걸어두었다. 선생님께서는 답례로 필자의 등단 시인 「사월의 목련」을 시화로 그려서 선물로 주셨다. 절친이던 고 김영태(시인, 화가, 무용평론가) 선생님께 특별히 부탁해서 필자의 스케치 인물화를 만들어주셔서, 지금도 진료실에 걸어두고 있다. 또한 선생님은 2009년에는 미국 뉴욕 '스페이스월드'에서 시화전을 여시기도 하셨다.

선생님은 제21대 한국문인협회 이사장을 역임하시며, 한국문단의 발전을 위해 혼신 노력하셨다. 개인적으로는 창간 35년 된 문예잡지 『문학시대』를 만들어 오시고, 20여 권의 시집, 시화집, 산문집 등을 내시며, 한국 문단의 맥을 이끌어 오신 큰 원로시인이시다. 이번에 시전집을 만드시게 되어 선생님과의 귀한 인연을 되새기며, 작은 글과 함께 진심으로 축하를 드린다. 백세 시대를 맞이하여 더욱 건강하시고 좋은 작품 많이 쓰시기를 기원한다.

여느 하루쯤은

박순자

'성춘복 시인 미수기념'

반갑기도 했지만 선생님과 추억이 많은 것도 아니고, 고민스러워 며칠 갈등이 생겼다. 그러다 십수 년 전, 성 선생님 부부가 통영기행을 오신다는 연락을 받았던 그때가 생각나 글을 쓰기로 했다.

ES콘도를 예약해두고 일식당으로 모셨다.

성 선생님 뵙는 것은 처음이 아니다. 우희정 선생님과 인연으로 대선배이시고 원로이신 성 선생님께 인사를 몇 번 드린 적 있다. 20여 년 전에 『수필문학』으로 등단을 했을 때부터 편집장으로 있던 우희정 선생님과 간혹 연락을 하며 지낸 후로, 성 선생님께서 주관하시는 『문학시대』와 '소소리' 출판사를 드나들게 되었다. 가는 날은 반갑게 인사와 안부를 물어봐주셨던 분이다. 그런 선생님께서 통영 나들이 하신다는데 식사 한번 대접하고 싶었다. 부담된다면서 거절하시는 것을 미련스럽게 예약해두고 먼저 가서 기다리기로 했다.

'정말 안 오시는 걸까?'

만날 시간은 아직 십여 분 있는데도 초조했다. 그날 통영에서 그렇게 만났다.

성 선생님께서는 청년처럼 베레모를 쓰고 점잖은 영국 신사처럼 나타나셨다. 출판사에서 뵙던 모습과는 또 다른 칠월의 숲처럼 청정한 모습으로 식당으로 들어오셨다. 갯가에 사는 존재감 없던 글쟁이는 문학계의 대 원로이신 선생님을 모신다는 게 큰 영광이었다. 밥상을 겪하는 자리는 더욱 조심스럽고 어려웠다.

선생님께서는 환한 웃음으로 자주 본 듯한 이웃집 아저씨처럼 다정다감하게 말씀을 하셨다. 그래서인지 식사자리가 어색하지 않았다.

그날 『길 밖에서』 시집 한 권과 손수 그린 작은 부채 한 점을 선물로 주셨다. 내 수필 「젊은 날의 초상」 일부분을 적은 부채는 지금껏 나의 애장품이 되었다. 식사를 끝내고 담소를 나눠다가 감사한 마음으로 선물로 주신 시집을 펼쳤다.

오랜만에 별들을 부둥켜안고
온밤 물 내리는 소리 듣다가
동틀 무렵에 눈 닦으며
날선 새벽을 받아 안는다
……
어쩌면 숨긴 물의 깊이로
속앓이를 만들어내듯
이제 철들어 셈하는 그 하루쯤
장지문을 굳게 닫아걸고 싶구나

펼쳐진 페이지 「여느 하루쯤은」 시 한 줄. 시를 읽던 장면이 어제처럼 떠오른다. 왜? 그날 저녁 화두가 되었는지….

여느 하루쯤은 편하게 술 한 잔 마시고 사람 냄새나는 시간을 갖고 싶었는지 모른다. 우리는 그날 여느 하루와 다르게 깊어가는 밤을 맞았고 그렇게 또 헤어졌다.

그땐 선생님 부부도 나도 젊음이 대지를 촉촉이 적시고 싹을 틔워 꽃을 피우고 마침내 열매를 맺게 하는 시간이었는지도. 여느 하루쯤은 마음이 흔들리고 사람이 그리워지고, 오지 않을 사람을 기다리기도 하는. 마음 들뜨지 않고 차분해지는 그런 하루쯤은 장지문을 닫아걸고 싶은 날이었고, 그리움처럼 기다려지던 때가 아니었던가 싶기도 하다.

"글쟁이는 보이지 않는 것을 볼 수 있어야 해."

혹한의 겨울에도 보이지 않은 봄을 상상하라고 하셨던 그 시간이, 나의 작품 속에 날개를 펴는 작은 깃털이 되었는지 모른다.

얼마 전, 스무 살의 청년처럼 청청하시던 선생님께서 불편하시다는 소릴 들었다. 문학의 큰 손이시고 원로였던 분의 병약함이 걱정된다. 예전처럼 '여느 하루쯤은' 시적이고 낭만적인 생각에 잠길 마음 여유가 없어진 것 같아 허허롭지만, 시(詩)라는 보이지 않은 언어로 후배들에게 주옥같은 작품을 많이 남기셨기에 감사하다.

'문단에 큰 기둥이신 선생님! 칠월의 숲처럼 하루속히 건강하시기를 기원 드리고, 미수기념을 축하드립니다.'

세월 가는 소리

김용림

그날 여성수필가 여섯 명은 상남 선생님과 함께 2박 3일 번개팅을 떠났다. 자가용 2대에 나눠 타고 강원도 홍천 깊은 산속에 펜션으로 향했다.

펜션입구에 상남 선생님 부부가 심어놓았다는 나무 두 그루가 제법 그늘지고 잎이 무성했다. 부부는 힐링 장소로 가끔 이곳을 찾는다고 하신다. 서울에선 보기 귀한 당나귀도 있고 공작도 있었다. 진돗개가 반갑게 손님인 우리 일행을 맞이했다. 특히 상남 선생님 부부는 자주 보아선지 가족처럼 알아보는 것 같았다.

나이로 보나 문단에서 보나 대선배님으로 한국문인협회 이사장을 지내신 상남 선생님을 가까이서 뵙기는 그날이 처음이었다. 여간 조심스럽고 어려웠다.

하지만 얼마 지나지 않아 이내 편해졌다. 우리를 이끌고 진두지휘 하시는 모습에서 큰오빠 같은 느낌을 받았기 때문이다.

끼니때가 되니 부부는 텃밭에 심어진 갖가지 채소들을 뜯어다가

뚝딱뚝딱 요리를 하셨다. 월남쌈을 멋있게 맛있게 만들어 주신 기억이 지금도 선하다. 부엌에서 요리는 상남 선생님께서 주로 맡아 해 주시는데 이때는 또 마치 우리들의 큰언니처럼 자상하고 배려심 깊으셨다.

손에서는 수첩과 연필이 떨어지지 않았다. 시도 쓰고 그림도 그리시고 누가 봐도 24시간 생활 자체가 곧 예술인이셨다.

그때 느닷없이 2박 3일을 함께했던 수필가들 중 미국으로 떠나가신 이춘미 선생님, 수필보단 수석에 빠져 요즘 얼굴보기 힘든 권영자 선생님, 이십여 년 전 '풍경화' 펜션에서의 그림을 다시 그려본다. 큰오빠처럼 믿음직스럽고 큰언니처럼 자상하셨던 상남 선생님께서 미수를 맞이하셨다니 축하를 해야 할지, 위로를 해야 할지…. 세월 가는 소리에 서글픈 마음이 앞선다.

존경하는 성춘복 선생님에게

윤광수

세월이란 몹쓸 도적놈이 몰래 훔쳐간 나날의 저편엔 선생님도 저도 머리에 서리가 내렸습니다.

벌써 까마득한 문예진흥원 강의를 받던 때가 꿈결만 같습니다.

그렇게 지내다가 덕수궁으로 자리를 옮겼지요. 우리 회원들은 상부의 지시대로 모든 수강생들이 다 이사를 했습니다.

그때 성춘복 선생님, 구상 선생님, 황금찬 선생님, 성찬경 선생님, 홍윤숙 선생님 여러 훌륭하신 시백님들의 명강의를 들으면서 우리 회원들은 가슴이 벅찼습니다.

선생님들마다 달랐습니다. 강의만 해주시는 분이 계신가하면 성춘복 선생님은 그날의 작품을 일일이 평을 해주셨습니다. 회원이 많아 그날 다 못해 주시면 다음 강의 날 갖고 오셔서 평을 해주셨습니다.

그런데 그날은 왠지 선생님 기분이 더 좋아 보였습니다. "윤광수씨가 누굽니까? 손들어 보세요." 하셨습니다. 저는 놀라 영문도 모른 채 손을 들었습니다.

“이 시가 너무 감동적이어서 내가 상으로 이걸 주겠습니다.” 하시면서 원고지에 여러 개 붙어있는 초록 잎새 중 네잎클로버를 번쩍 들어보여 주셨습니다. 회원들은 와아 하고 부러운 듯 손뼉을 쳤습니다.

이토록 회원들의 사기를 북돋워 주신 선생님 참으로 감사했습니다. 그때 함께 강의하셨던 여러 선생님들은 애석하고 안타깝게 다 하늘나라 가셨는데 성춘복 선생님만 아직도 팔팔하게 젊은이 못지 않는 사회 활동을 하고 계십니다. 진심으로 축하드립니다.

이 모두가 부부의 사랑이 땅 두께보다도 더 두껍고 금강석보다도 더 단단한 찬란한 사랑의 열매라고 생각합니다.

미수라고 부르기엔 믿어지지 않는 정열적으로 모든 삶이 젊은이 못잖은 생활태도와 제자들에 대한 교육열이 참으로 대단하셨습니다. 그럭저럭 세월은 흘러 등단도 했습니다.

하루는 친구의 권유로 평화 방송에 원고를 내고 잊어 버렸습니다. 그런데 운 좋게 최우수상에 당첨이 됐으니 상금타가라는 연락을 받았습니다. 저는 너무나 기뻤습니다. 상금도 아주 후하게 받은 나머지 선생님께 철없이 자랑을 했습니다. 선생님은 미소를 지으면서 이젠 그런데 기웃거리지 말라 하셨습니다. 등단도 했으니. 이미자가 어디 가서 노래하고 상 탔다면 말이 됩니까? 이젠 자중해야 합니다.

저는 그 말씀을 듣는 순간 얼굴이 붉어졌습니다.

선생님은 시만 가르치는 것이 아니고 인생 살아가는 참 삶의 지혜도 은연중에 가르쳐 주셨습니다. 선생님의 많은 지도편달 감사했습니다.

시집 네 권도 예쁘게 엮어 주셨습니다. 참으로 감사합니다.

부디 남은여생 뜻하시는 바 모두 다 이루시고 만수무강 하시고, 두 분 손 꼭 잡고 꽃길로만 걸으십시오.

송헌 삼가 윤광수 축하의 말씀 부족하지만 제 나이를 생각해서 곱게 봐주십시오.

우정의 빛

- 성춘복 선생님과의 인연

홍금자

인생은 만남과 헤어짐의 연속성을 갖는다.

살다보면 만남 속에서 비로소 인생의 깊이를 음미하게 된다.

나 역시 내 생의 긴 여정 길에서 문학을 만나 비로소 나를 찾았다. 그동안 나를 비추던 햇살은 내 문학의 살갗을 어루만지고 있었다.

1987년 내 문학은 오랜 병마 끝에 문학의 귀한 시간을 캐냈다. '다르위스'의 말처럼 '문학은 어둠에서 캐낸 빛'이었다.

한국 여성문학인회 주최의 백일장에서 처음 '문학의 문'이 열렸다.

그 후 처음의 서먹함이 차츰 문단 선배님들의 가르침과 본이 나를 문인으로 키워주었다. 당시 스승이셨던 황금찬 선생님으로부터 많은 문단 시인들과의 교류가 시작되었고 각종 행사에 참여, 문인으로서 갖추어야 할 격을 터득할 무렵이었다.

황금찬 선생님의 소망은 '생전의 문예지 발간'이라고 하셨다. 나는 선생님의 소원을 내 작은 힘으로 이뤄드리고 싶었다.

문예지 발간에는 문외한이었던 나는 황금찬 선생님과 성춘복 선생님께 모든 것을 맡기고 처음 발간을 시작했다.

모든 것이 서툰 발걸음이었다. 그때마다 성춘복 선생님께선 많은 조언을 주셨고 처음 첫 출간을 마을출판사 이름을 빌려 출판에 나섰다. 그런데 여기에서 문제가 생겼다.

황금찬 선생님은 당연히 발행인이 '황금찬'이라 생각했는데 발행인이 '성춘복' 이름으로 나오게 되었다.

그때 나는 물론 황금찬 선생님의 첫 출간 기대감에 밤잠을 새우며 기대했는데 이름이 바뀌는 바람에 큰 실망을 하셨었다.

서운했던 이 모든 것은 지나간 시간. 출간하기까지의 과정에서 성춘복 선생님이 갖고 계신 예술성에 감탄하기도 여러 번이다.

인간관계에서도 선생님은 특히 여성에게는 더할 나위 없는 신사도를 발휘하셨다. 간혹 점심식사를 위해 잘 다니시던 타워호텔의 일식당에 들르게 되었는데 선생님은 문인들 중 누구도 하지 않으셨던 여성에게 먼저 의자를 내어 자리 잡게 하는 멋진 서양 남자의 모습을 보여주셨는가 하면, 시인들과의 시화전을 계획할 때면 그림 솜씨가 무척 뛰어나셨다.

여러 방면에 예술인이 갖춰야 할 재능, 누구도 따를 수 없는 예술성을 갖추고 계신 분이셨다.

지금 조금은 건강이 좋지 않지만 선생님을 생각하면 초보 문인들이 배워야 할 많은 것을 보여 주신 진정한 문인이며 예술인이셨다.

1999년에 우연히 저에게 주셨던 제목 없는 친필로 쓰신 시 한 편을 소개하면서 선생님의 건강을 염원한다.

꽃이 참 좋은 때
좋은 사람을 만나러
이곳까지 왔습니다

불안개 오르고
산수유들 멍들어지게
치자꽃내 풍기는·····

1999. 3
성춘복

풍경화에서의 하룻밤

서승연

제가 상남 선생님을 알게 된 것은 생의 후반기 그 어디쯤입니다. 가끔 뵙게 되면 꾸벅 인사드리는 것이 전부, 낯가림이 심한 저는 어렵기만 했습니다. 보내주시는 시집을 읽다보면 시에 대한 이해가 부족한 제 무지가 답답합니다. 하지만 그 뜻과 깊이를 알고 싶어 여러 번 정독하기도 했습니다.

선생님의 시집 『여든의 하루를 사는 법』의 '시인의 말'이 제게 와서 꽂혔습니다.

그럭저럭 적당히 살면서 어물거리는 동안
모든 장소에서 나는 침입자였고, 모든 역에서 나는 늘 이방인으로 아웃사이더의 역할 밖에 하지 못했다

모두가 친절했으며 결코 나를 거부한 적이 없으나
나는 언제고 손님이었기에 그저 떨떠름한 자세로
소통의 불 감정에 시달려 왔다 … 생략 …

시대에 대한 환멸로 방황하며 어디에도 정면으로 끼어들지 못하고, 심지어 침입자 같은 느낌이라 표현합니다. 하지만 자연과 사람을 사랑하시는 그 마음은 시의 전편에 흐르고 있습니다. 나는 그 머리말 글에서부터 알 수 없는 동질감으로 따뜻해졌습니다. 한살이 생 귀퉁이 어디쯤 서성거리다만 저에게 위로의 말로 들렸기 때문입니다. 선생님의 위치라면 멋진 단어를 골라 품격 있게 쓰셔도 될 텐데 담백한 언어로 과한 포장이 없습니다.

소소리에서 공부하던 시절, 우연히 풍경화라는 곳에서 선생님을 포함하여 좋은 사람들과 하룻밤을 지내게 되었습니다. 고즈넉한 전원의 풍경이 팔 벌려 저를 맞이해 주는 듯했지요. 강아지며 말이며 여러 종의 동물도 함께했습니다. 늘 오므리고만 있던 가슴을 아무도 몰래 펴고 큰 숨을 몰아쉬었지요. 그리고 한 사람을 좀 더 알게 되는 시간이 되었습니다.

그때의 선생님은 제자들을 대하시는 태도가 자상하고 부드러웠습니다. 문단을 이끄시던 거목의 그림자는 어디에서도 찾을 수 없었습니다. 아침 일찍 조식을 손수 만들어 주셨는데 빵과 과일, 야채였지요. 모두는 며칠 굶은 사람처럼 웃고 떠들며 음식을 비웠습니다. 조근 조근 말하시며 불편함 없이 대하시고 뒷정리며 설거지까지 손수 하셨습니다. 옛 아버지 세대는 부엌 근처에 얼씬도 안했는데 마치 요즘 젊은이 같은 느낌이었습니다. 제가 존경하고 좋아하는 우 선생님의 동반자가 되신 이유를 단번에 알았습니다.

한 인간이 태어나 주변의 사람과 인연을 맺으며 살아간다는 것은 행복한 순리입니다. 그저 주어진 환경을 감사히 받아들이면 편한데 대개 그렇지 못합니다. 저 역시 환경을 원망하고, 무능한 나를 탓하다 여기까지 왔습니다. 선생님의 글에는 나와 너 모두의 한살이가 쉽지 않다는 것을 강조하며 그 모든 감정을 홀로 떠안은 듯 힘들어합니다.

함축과 상징을 숨겨놓은 선생님의 작품을 다 이해 할 수는 없습니다만. 향하고 있는 시선은 낮은 곳 외진 곳을 대변하는 것이 아닐까합니다. 그럴 때 산다는 것은 모두 힘들구나 하는 동질감으로 위로를 받습니다. 무언가 많이 가진 듯 목소리가 큰 사람도, 어쩌면 두려워서 몸집을 크게 부풀리는지 모릅니다. 요즘에서야 조마조마 들고 있던 가슴을 조금 내려놓습니다. 아등바등 살아도 가야할 길은 정해져 있기에 생명 있는 모두가 측은해져서 울컥하기도 합니다. 아침에 눈뜨는 것이 감사고 두 발로 걷고 볼 수 있으면 충분하다는 것도 이제 알게 되었습니다.

지금도 여전히 꾸벅 인사 한번 드리는 것이 전부입니다만, 풍경화펜션에서의 그 이틀은 풍문으로 들었던 온갖 편견을 다 버리는 날이기도 했습니다.

오는 것도 아니고 가는 것도 아닌 것이 세월 같습니다. 다만 흘러가다 사라질 뿐, 가수 임영웅은 '우린 늙어가는 것이 아니라 익어간다'고 노래합니다. 그 가사 한 줄에 뭉클해지고 위로받는 요즘입니다. 상남 성춘복 선생님의 가슴에도 익어가는 열정이 건재하다는 것을 믿으며, 미수(米壽)를 맞이하신 오늘을 같이 기뻐하겠습니다.

멋스러운 산

문육자

성춘복 선생님을 만난 것은 돌아가신 김병권 선생님이 가교의 역할을 한 것이지만 이미 선생님을 만난 것과 진배없었다. 면식이 없다는 것 외에는. 경상도 사투리 대화에 서로 막힘이 없었고 고향 말씨가 주는 감아쥐는 따뜻함으로 이미 전선을 이어놓은 듯했다. 바다 이야기에 귀를 여는 버릇도 같았다. 무엇보다 내가 학생 문학의 텃밭이었던 『학원』 잡지의 단골손님이었던 사실을 알아준 분이기에 처음부터 내 편을 만난 듯한 든든함이었는지도 모른다. 출판사 '마을', 거기에 선생님이 계셨다.

거긴 겨울이라야 제격이었다. 난로 위에 물이 끓고 있으니 커피든 녹차든 마시고 싶은 대로 주문만 하면 손수 건네주곤 했다. 빼곡하게 들어찬 책이며 선생님의 놀잇감들이 재미있는 나라에 온 듯하기도 했다. 놀잇감들이란 주로 종이며 나무토막이거나 돌이거나 손으로 만져 탄생 될 수 있는 것들이었다. 선생님은 요술사였고 요술을 부리기 위한 도구라고 해야 할까. 한마디로 세상을 잊은 어린

아이와 그 놀이터였다.

선생님을 어떤 분이라 해야 할까, 좋고 궂은일 가리지 않고 앞장서는 분이었고 나보다 남이 우선이었으며 좋고 싫음이 분명한 분이라고 말하고 싶다. 당신의 잣대로, 아닌 것은 죽어도 아니었다. 지금은 '나도 틀릴 수 있다.'는 평범한 진리를 익히지 않았을까 싶기도 하지만.

그러나 무엇보다 정감 어린 시인이었으며 손재주 좋아 글씨며 그림은 그 분야의 사람들 못지않게 뛰어나고 개성적이었다. 눈에 스치는 사물 하나 놓치지 않고 작은 노트에 멋들어지게 남기는 스케치, 나무조각을 파고 다듬어 제작된 목공예, 종이쪽지 하나도 이렇게 찢고 저렇게 붙여 하나의 작품 만들어 내는 솜씨 좋은 분이었다. 이론이 필요없었고 순전히 영감이었다. 우리 집에도 선생님이 만드신 세컨드하우스가 한 채 있다, 그것은 난쟁이 나라 어린이용이긴 하지만. 선생님은 호작질도 좋아서 하시는데 결과는 늘 예술로 탄생되었다.

단체에서 큰 자리를 가졌던 선생님, 어려움을 무릅쓰고 문학계에 새로운 일을 이뤄놓거나 눈부신 활약을 하셨던 선생님. 지금도 조용히 하고 계시지만 그보다는 소소한 즐거움을 누리며 그것을 공유하기를 즐거워하시는 선생님의 편안한 모습을 오래 추억하고 싶다. 이젠 미수니까.

그랬다. 특별한 일이 없어도 조금 틈만 나면 가까운 일본으로 나들일 나가셨다. 우리나라와 일본과의 관계를 생각해서 속 좁게 배척만을 하거나 하진 않으셨다. 일본 나들이는 순전히 문구점 섭렵이라 해도 과언이 아니었다. 긴자 4정목에 있는 문구점 이또야(伊東屋)에서 작은 스케치북, 종이 나부랭이, 명함지, 편지지, 봉투, 포장지, 공책을 사 들고 나올 때의 그 포만감으로 세상을 눈 아래로 내려다보며 즐거워하던 모습을 잊을 수는 없다. 젊은 날 자주 들르던 뉴욕의 문구점 케이츠 페이퍼리(Kate's Paperie)를 향수처럼 남겨 두셨지만, 무엇보다 선생님은 7권의 내 책 표지를 꾸며 주셨다. 표지화에서 선생님을 읽어내는 것도 무리는 아니지 싶다. 자세히 살펴보면 젊음을 멱감게 했던 남녘 바다에 대한 향수 어린 기억 저편, 표지 전체를 세계지도로 꼼꼼하게 채우고 많은 사람이 바쁘게 여행길에 올라서서 부지런히 갈 길을 가고 있는 여행기, 실제로 소장하고 계신 세계우표를 스캔해서 붙여준 일상의 로그인 등 다채롭다. 선생님의 꿈이며 살아있음의 증거임을 즐겁게 보여주고 있다. 넘치는 선생님의 예술혼 그리고 자유로움과 열정을 맘껏 읽어낼 수 있는 책의 표지화다.

선생님으로부터 받은 선물은 대부분 종이와 연관되어 있다. 가장 많이 받은 것이 부채다. 부채엔 선생님의 작품이 있거나 내 작품의 한 구절이 그대로 누벼져 있어 부채질할 때마다 신선한 언어이거나 잊고 있었던 사유들이 나비처럼 훨훨 날아 내 귓가에, 가슴에 똬리를 튼다. 생성을 위한 글밭에서 뛰놀게 한다. 채찍이 되기도 한다.

선생님은 상대방에 대한 배려심을 늘 간직하고 있다. 문우나 지인들은 공감하고 있으리라 믿는다. 그중에서도 잊을 수 없는 것은 출판기념회를 곧잘 사무실에서 열어준 것이었다. 출판한 책을 지인들에게 드리는 것도 부끄럽고 광고하기는 더 부끄럽고 기념회를 여는 것은 더더욱 겸연쩍어하는 나에 대한 배려였다.

책이 나오면 출판사, 도서관, 친구들에게 우선 발송을 한다. 품앗이해 주는 친구가 있음은 행운이다. 나도 여러 사람의 도움을 받았다. 그리고 그 교분이 오래 계속됨은 더한 축복이다. 그 사람들과 새로 탄생한 또 하나의 나를 위한 덕담과 문학을 나누며 간단히 차 한 잔을 마신다. 그게 다였다. 지인들의 따뜻한 격려였다. 선생님은 딱하셨던지 붓으로 한지에 쓰셨다.

"이거라도 있어야지."

出版記念, 창덕궁 뜰
문 육 자의
하루와 다른 하루들

– 갑오, 곡우절

『일상을 로그인하다』라는 수필집이 나왔을 때였다. 정신적인 풍요로움으로 채워진 출판기념회였다. 모인 사람은 선생님, 그리고 선생님의 단짝이며 수필가이자 출판인인 우희정 선생님, 그리고 내 친구. 태양이 성곽 터에 그림자를 드리우며 물러가고 있었다. 무슨 노래를 부른 것 같기도 한데 나이 탓인지 가물거린다.

선생님은 태산이라는 말보다 멋스러운 산이라고 말하고 싶다. 캐나다에서 바라보는 로키 같은 산이다. 사계절을 입고, 사계절을 업은 능선의 여유로운 품새. 그런 산이라 하고 싶다. 더듬어보니 한결 멋스럽다. 어른티를 내지 않은 채 미수(米壽)를 맞으시다니. 감사하고 존경합니다. 부디, 건강하게 천수 누리소서.

미수(米壽)가 행복한 까닭

\- 시인이 되었을 때 사랑을 알듯

고경자

상남 성춘복 선생님께서 미수를 맞으셨다
팔월 하늘에 배롱나무 꽃잎이 구름을 쓸고
녹색분말을 뿌려놓은 숲속은 잠들지 않고 녹음 위에 머물러
상남(尙南) 성춘복 선생님 하늘의 이슬과 땅의 기름진 것들로
채워 미수(米壽)를 맞이하시며 노래하고 있습니다

우리가 사는 세상이 경이로운 것은
문학적 삶의 궤적과 우주 발생사까지
창작과 희망을 전하는 교훈과 지성적인 감각으로
제자들 후학 향상에 장렬한 기폭을 흔들며
한국문단의 중심을 이루시던
선생님 청춘은 교단을 흐르는 바다셨으며
거목으로 뿌리를 내려 순백의 아름다움으로
승화하여 강물로 흐르고 있기 때문입니다

선생님께서는 동료를 위하는 마음이 지극하셔서
솔선수범하여 모금을 하시고
나은 처우를 할 수 있도록 배려하는 우정과
황금찬 선생님 미수 기념시집 내실 때도 기획 구성을 하셔서
멋진 기념 문집도 예술적 안목으로 출판해 주시기도 하신
품격과 인격과 덕스러움이
오늘을 살게 하시고 미수에 이어 영원히 빛날 것입니다

한 달에 한번 열리는 문학 토크시간
풍경이 있는 집 대문을 열면
선생님께서는 만년 소년처럼 행복한 얼굴로
말씀을 하시지요

인격이시며 메타성과 풍자, 생각과 말씀이시며
감각적인 예술의 재치로 일상의 문법을 깨트려
딴청의 시학과 어깃장 같은 언어로
생기 있게 청량한 소리들이 시 되어 피어납니다.
언제나 준비된 차와 다과 그리고 서책들
공간이 아름다운 문학시대 소소리 푸른 쉼터

유독 선생님께서는 이또야 문구점을 사랑하시고
"세상에 살아있는 증표를 느낀다며" 말씀하실 때는
눈은 지구별처럼 빛나고

뉴욕 다운타운 게이츠 페이퍼리에서
질감이 좋은 다양한 것들을 장바구니에 담을 때
상상력 부채질로 하여 '유혹의 함정에' 빠지고 싶었다던 풋풋한
마음이 세상을 시의 물결로 승화시켜 춤추게 하신 분

여류시인과 청빛 송이송이 연정을 담아 한곳에
시선을 두고 바라본 신이 선물 동행의 벗을 만난 우연
아흔일곱 번째 '부채사랑' History
한편의 드라마와 전설 같은 이야기가 감동을 자아냅니다

선생님께서는 손님 대접하는 일에 왕을 모시듯 하셨으며
신사 중에 최고의 신사라고 황금찬 선생님 말씀을 기억합니다
우 선생님께서도 손님 접대하기를 선생님 모시듯 향기 나는 차와 다과로 따뜻하게 맞이하시는 사랑의 손길은 참으로 훈훈하게 합니다

우 선생님과 신묘한 사랑이 상남 선생님 건강 비책인 듯합니다
윤기를 발하던 흰머리가 건재하심을 과시하듯
검은 머리로 자라는 게 참으로 신비스럽습니다
영원히 목마르지 않은 샘물이 되어
희로애락 白壽까지 선생님은 건강을 지켜 내실 것입니다

가끔 선생님의 시

「봉두난발의 그 봄」을 낭송하며
선생님과의 인연을 떠올립니다

2005년에 『채색의 구름등』 시집을 출간
평론을 써 주셨으며
시집 속에 한 컷 한 컷 그려내는 포샤드와 스케치
놀라운 상상력과 곡선의 부드러움과 생동감 넘지는 감각들
감명을 받은 그날이요

상남(尙南) 성춘복 선생님
앞으로 白壽를 위해
다윗의 가락으로 수금을 타게 하고
꽃들은 다시 피어 선생님이 건강을 축원하실 것이며
문학토크와 스토리가 있는 푸른 숲
향기 나는 문학시대 정원은
청자그릇에 담아놓은 선생님의 향기가
마음에 머물러 맑은 산소처럼

천리향으로 꽃을 피워낼 것입니다
'시인이 시가 되었을 때' 사랑을 알 듯

성춘복 선배님과 나

홍사임

문학계에 첫발을 내디딘 지 얼마 되지 않은 가을 어느 날 혜화동에 있는 중국집에서 선배님을 뵈었다.

선배님은 문학계의 대가이시며 문학시대를 이끌어 가고 계신 회장님이셨고 난 문학시대를 통하여 수필가로 등단한지 얼마 안 되는 새내기였다.

문학인으로서는 하늘과 땅 차이이다. 성춘복 회장님은 사무실에서 뵐 때에는 근엄하시고 과묵하셔서 거리감을 느꼈는데 이곳에서는 빙긋 웃으시며 온화한 표정으로 반갑게 맞아주신다.

“글을 잘 쓰시던데….” 하신다. 나는 그날 문학계의 거목이신 선배님의 문하생이 된 것만도 행운이라고 생각했는데 덕담까지 들으니 한줄기 빛을 발견한 듯 기가 살아나는 것 같았다. 나에게도 글 쓰는 재능이 있다는 말씀이구나 하고 속으로 되뇌었다.

“감사합니다. 수필을 계속 써서 수필집도 출간하겠습니다.”

선배님으로부터 글 쓰는 재능이 있음을 인정받았다고 생각하니

"성공은 1%의 영감과 99%의 노력으로 이뤄진다"고 발명왕 에디슨은 일찍이 말했거니와 이제부터 계속해서 글을 쓴다면 수필집은 물론 소설집까지도 거뜬히 쓸 수 있는 가능성이 있다는 자신감이 생겼다.

사실 선배님과 나는 성균관대학교 7년 선후배 사이지만 학창 시절에는 만난 적이 없다. 선배님은 국문학과 강사이셨고 난 동양철학과 학생이었기 때문에 알 수가 없었다. 그러나 꿈 많던 학창 시절의 이야기를 나누다보니 바로 친밀감이 느껴졌다. 나는 60평생의 고된 삶을 펼쳐버리고 망각의 여백 속에 그냥 묻어두었다가 인생 2모작을 시작하자마자 어느 날 안개처럼 피어오르는 생각들을 백지 위에 써내려가기 시작했다.

이것은 마치 내안에 서리서리 쌓여있던 세계가 밖을 향해 서서히 분출하는 물줄기와도 같았다.

글을 쓰는 일은 나 스스로가 내 안에 웅크리고 있는 크고 작은 상처의 쓰린 영혼을 향해 위로하고 다독이며 소통하는 작업이다.

내가 『문학시대』를 통해 등단하고 문학이란 무엇인가에 대해 심도 있게 생각하며 알게 된 사실은 내 생애에서 늦게나마 글쓰기를 한 일은 정말 잘한 일이라고 박수를 보낸다. 우리는 삶의 길목에서 만나는 많은 인연이 때로는 고맙고 섭섭하고 또 사랑하는 마음과 미워하는 마음이 교차할 때가 있다. 시간이 지나고 인연들도 지나가지만 이때까지 파묻혀있던 재능을 인정해주신 성춘복 선배님은 좋은 인연으로 오래오래 기억되리라. 문학시대에 들어온 지 2년이 지나 수필집 『고갯마루에 올라』를 출간할 때였다. 수필집 곳곳에 삽화를 그려주신 선배님의 깊은 뜻을 헤아려 보았다.

문득 기억의 갈피 속에 넣어두었던 수많은 일들이 아물아물 지나갔다.

우리는 인간관계 속에서 살아가기 때문에 여러 가지 이해관계 속에서 이성보다는 감성에 지배되기 쉽다. 그러나 내게 없는 것을 찾아 남과 비교하면서 고통스럽게 지내느니 자신이 가진 것에서 기쁨을 찾고 보람을 느끼면 즐겁고 행복한 일이다.

행복은 대체로 만족감에서 오기 때문에 하나는 나 자신이 하는 일이고 다른 하나는 인간관계에서 오는 행복감이다. 장수하며 잘사는 사람이란 오랜 세월 건성건성 산 사람이 아니라 험한 길을 치열한 정신으로 묵묵히 걸어오며 남을 배려하고 다독이며 한 방향으로 꾸준히 걸어온 사람이다.

타인을 배려하고 사랑하는 것은 결국 자신이 혼자 살 수 없다는 것을 아는 사람이다. 그동안은 마음이 몸을 따랐는데 이제는 몸이 마음의 무게를 감당하지 못하고 마음만 앞서간다.

나는 79세의 10월 하순에 산에 올랐다가 심정지를 일으켜 병원에서 심장시술을 받고 쌍줄박동기를 달고 새 생명을 얻었다. 내가 만났던 죽음의 위기에서 깨달은 것은 늦게나마 글쓰기를 한 것은 잘했으니 이번에는 소설을 한번 쓰고 싶었다.

소설은 엉덩이로 쓴다는 말이 맞는 것 같다. 심장에 쌍줄박동기를 달고 거의 1년 동안 누워서 지내면서 소설제목을 『늦은장마』로 선택했다.

6개월에 완성하기란 정말 힘이 들었다. 성춘복 선배님께 격려사를 부탁드렸더니 기꺼이 받아주신다.

> 청춘을 구가하고 도전을 멈추지 않는 홍사임 후배에게 격려와 박수를 보낸다. 사무엘 울반은 '청춘이란 인생의 어느 기간이 아니라 마음의 상태'라고 했다. 그런 의미에서 그는 청춘을 즐기는 젊은이다. 그의 글에서 확고한 신념 혹은 뚜렷한 의지가 담겨있다. 삶을 대하는 긍정적 사고와 불굴의 정신력은 타의 추종을 불허한다.
>
> 다분히 철학적인 요소를 깔고 있는 이번 소설집이, 그의 인생에 또 하나의 점을 찍는 획기적인 일이 되고 긍정 에너지가 되기를 기원한다.

바쁘신 중에도 선뜻 격려사를 써주신 선배님께 감사를 드린다.

험한 길을 스스로 시가 되어 걸어오신 선배님을 가까이에서 뵙는 것도 영광인데 격려사를 직접 받으니 얼마나 큰 행운이지 말할 수 없이 기뻤다.

찬란했던 해가 서산에 기울고 이제 강물은 흘러 아득한 바다로 가는 것은 바라보니 만감이 교차한다. 가던 길을 멈추고 고갯마루에 올라 선배님과의 고운 인연을 돌아보며 미수(米壽)를 맞이하시는 선배님께 다시 한 번 존경의 예를 드린다.

그때 그 시절

이춘미

이게 무슨 말인가? 혹 내가 잘못 읽은 건 아닐까. 아니면 실수로 잘못 보낸 오타가 아닐까? 그도 아니라면 깊고 끝이 없이 넓은 태평양 바닷길을 건너오느라 바람에 뒤죽박죽 뒤엉켜 대충 몇 글자만 살아온 게 아닐까?

성춘복 선생님이 미수라니? 아직은 청년인데. 눈을 씻고 몇 번을 읽고 또 읽어도 이제는 글자들이 펄펄 뛰며 도리어 나를 뚫어져라 노려보고 있다.

내 기억의 저 쪽에는 여태도 특유의 미소를 머금은 성 선생님의 모습에 주책을 부리던 내 모습이 오버랩 되어 생생히 남아있을 뿐인데.

많이 늦은 두 분의 신혼(?)길에 거제도로, 통영으로, 평창으로 길을 잡을 때 눈치없이 밤을 새워가며 깍두기처럼 꼭 따라 다니던 나였다. 주말이면 풍경화 나들이 길에도 어김없이 두 분과 동행했던 나. 그리고 거쳐 가게 되어 있는 홍천에 닿기도 전 전화로 단골가

게에 치킨을 주문하시곤 했다. 닭 날개 튀김을 무척 좋아하셨지. 손두부집의 묵사발 두어 그릇 포장해 놓으라던 그 목소리 쟁쟁한데 아, 그때가 어찌 옛날이란 말인가? 지금도 팔당호엔 물새가 날고 백조가 날기 위해 도움닫기를 하고 있을 텐데.

무심코 스쳐 버린 세월의 저기는 내 삶의 긴 여정에 한사코 머무르고 싶었던 그때였음을 새삼 깨닫는다. 그리고 지금 사무치게 그리워한다. 되돌아갈 수 없는 지금에서야 먼 이국에서 이토록 애달파하다니. 뼈를 깎는 고통도 지나고 보니 아무것도 아니었음을 이제야 알았다.

그때 고통으로 휘청거리던 나를 묵언으로 부축해 주셨던 선생님과 우사장. 당신들의 잦은 길 나섬에 전화 한 통화로 불러내어 자리 한 칸 내주었음에 뒤늦은 감사를 드린다.

그랬는데 정작 나는 몇 해 전 선생님의 입원 소식에 달려갈 수 없는 거리감을 실감했을 뿐이다. 오직 간절한 염원으로 선생님의 완쾌를 기원하는 것 밖에는 내가 할 수 있는 게 아무것도 없었다. 천방지축 길이 좁다고 팔도를 휘젓고 다니던 청년은 어디로 가고 미수를 맞은 노시인이란 말인가.

남은 세월은 더욱더 건강하신 모습으로 성 선생님의 탄신 백년을 축하드리는 그날을 기약하면 욕심일는지. 그때는 오래전 한국을 떠나온 나도 꼭 그 자리에 가고 싶은 마음 또한 이룰 수 없는 꿈일런가. 번개처럼 스쳐지나가는 세월을 잡을 수 없어 속수무책일 뿐이다.

성춘복의 향기

한기정

혜화동을 드나들던 그즈음 나는 '상남 성춘복'이라는 존재를 그저 '우희정의 로맨틱한 남편'으로만 알았다.

나 자신은 감히 시인이 되리라는 꿈도 꾸지 않을 때였다.

수필집 출판작업도 하고 우희정 선생과 수다도 떨 겸 소소리를 찾곤 했는데 그때마다 마나님 사무실에 들르곤 하시던 선생님을 종종 뵈었다. 꾸벅 인사하는 게 고작이었다. 어른으로 어렵기만 했다. 선생님 역시 말씀이 적은 분이니 으레 소소리에 들르는 사람이려니 하셨을 테고. 사실 그렇기도 하고.

내가 아는 것은 '시인이라시든가?' 정도. 하룻강아지는 범을 알아보지 못했다. 그 범이 어떤 범인지는 더욱 몰랐다.

그분의 연애담은 내 수필에서나 볼, 그렇게 쓰면 에이, 그런 남자가 요즘 세상에 어딨어? 할 이야기다. 알 만한 사람은 다 아는 러브스토리다. 나까지 아는 것을 보면.

조용하고 깊은 선생님은 마음에 둔 여인, 우희정에게 그림과 시를 건네는 것이 전부였던 모양이다. 마음을 적고 그림을 곁들여 완성된 작품을 다음 만날 때 '받아 보시게' 건네고 돌아서는 것. 진솔한 당신의 마음을 묵묵히 전하고 돌아서는 것이 일상. 진실한 짝사랑. 그것도 여일같이. 한결같이. 이제 세상살이를 갓 시작한 청년 같달까. 요즈음 청년이 그렇게 순수하기만 할까마는.

아마도 그것은 흔히 언급되곤 하는 '달큰한 사랑'만은 아니었으리라. 연륜과 온화한 성품에서 자란 인간에 대한 공감, 유대감, 애정이 뿌리가 아니었을까. 탁한 세상에서 반듯한 삶을 지키는 여인에 대한 경의와 지켜주고 싶은 소중함이 아니었을까. 여자 우희정이 아니라 인간 우희정에 대한 지극한 사랑이 아니었을까. 그 바탕에는 사람을 소중히 여기는, 온 힘으로 진실하게 사는 사람을 귀히 여기는 철학이 자리할 터. 휴머니스트.

산문으로 내가 원하는 것을 표현하는데 한계를 느끼며 산문과 운문이 어우러진 퓨전수필, 아포리즘 수필이라는 이름으로 열정을 내고 있었다.

문득 어느 날 '내 글이 시가 될 수는 없을까?' 의문을 가지게 되었다. 시랍시고 어설프게 쓴 것들을 선생님 앞에 내밀었다. 여러 날 훑어보시고 날 부르셨다. 얼마나 한심하셨겠나. 그럼에도 따스하고 촘촘하게 이것저것을 일러주셨다. 격려도 잊지 않으셨다.

아주 다부지게
그렇지
어느 누구도 엿볼 수 없게
아득한 벽을 쌓아
아스라이
그것도 가아마득 이끌어가기를…

- 퓨전수필 『함께 탱고를…』 출간 축하글

아, 이런 분을 일찍 만났더라면 하는 아쉬움이 솟았다. 글도 배우겠지만 세상을 대하는 됨됨이도 배웠을 텐데. 그런 사람이 귀한 이 시절에 곁에 계신 것만으로도 푸근했을 텐데. 의지가 되었을 텐데. 세상 사는 위로를 받을 수 있었을 텐데.

사람의 속내를 읽고 삶의 통찰력을 키울 시인이 되고픈 엄청난 꿈의 시작점에서 관솔불을 지펴주신 선생님 주변을 빙빙 돌며 세월을 보내고 있다.

별똥별처럼 스쳐 지나듯 맺어진 짧은 인연이지만 잘 갈무리하며 글을 쓰는 긍지로 여긴다.

선생님은 쇠약해지시고 나 역시 병이 들어 점점 인연이 엷어진다. 침묵 속에서라도 함께 식사할 평이한 인연조차 허락치 않는다.

상남 성춘복 선생님이 그저 고운 시인, 아름다운 시인으로만 기억되어서는 아깝다.

자신의 시적 세계와 일치하는 진정성 있는 태도로 삶을 영위한,

한 여인을 사랑하며 그 여인의 삶에 사랑받은 흔적을 새긴 사내임도 함께 기억되어야 한다.

수없이 많은 제자 중 부스러기 돌 같은 사람에게도 가슴 따스하게 남으신 휴머니스트로 기억되어야 한다.

이인자씨의 새집

이인자

20여 년 전 어느 휴일, 상남 선생님과 우선생이 우리집엘 왔다. 이사한 지 얼마 되지 않은 벗의 집이 궁금하여 우선생이 들렀던 길, 그즈음 상남 선생님이 우선생을 남몰래 좋아하던 때여서 그날도 이사한 친구 집에 간다 하니 부득이 본인이 데려다준다 하여 예정에 없이 동행한 길이었다고 한다. 데려다주고는 가시려니 했는데 차에서 내리시기에 함께 들어가잔 말은 못하고 우선생만 들어와서 차 한 잔을 마시고 간 그날이다.

우리는 차를 마시면서 선생님만 밖에 계신 게 마음에 걸려, 사실 우선생에게야 연심을 품고 있는 분이지만, 나한테는 올려다보기도 힘든 문단의 대선배가 아닌가. 그런 분이 밖에 계신다하니, 괜히 죄송한 맘에 가셨나 아니면 어디 계시나 살펴봤더니 베란다 아래 키 큰 후박나무 아래 서 계시는 것이다. 나와 우선생이 보고 있는 것을 아시는지 모르시는지 작은 스케치북에 무언가를 열심히 그리고 계셨다.

그리고 며칠 후 우선생을 통해 건너온 그림 한 장. 제목이 '이인자씨의 새집'이었다.

그 집에 이사하고 한동안 마음이 아주 힘들었는데 그 그림을 본 순간 이 누추한 집이 이리 따스한 집인가 하는 착각에 빠졌었던 기억이 난다. 하얀색 건물에 황금색 지붕인 이인자씨의 새집, 그림 속 우리 집이 너무 예쁘고, 나무 밑에 홀로 서서 열심히 그림을 그려주신 선생님의 정성이 감사해서 한동안 거실에 걸어두었다가 어느 해부터인가 상자에 담아두고 잊고 지냈다.

얼마 전 이사를 하였다. 짐 정리를 하다가 십 수년 상자에 넣어두었던 선생님이 그려주신 '이인자씨의 새집' 그림을 꺼냈다. 시간이 그리 흘렀는데도 하얀 벽과 황금색 지붕은 여전히 따스해 보였다. 아크릴 액자에 넣어 거실에 꺼내두었다. 이 집으로 이사하고 꺼내놓으니 정말 '이인자씨의 새집' 그 이름에 딱 맞다. 근 이십년 전 그림이지만 마치 몇 달 전 이사한 이 집을 위해 그려주신 것 같다.

이 따스한 그림을 받고 나는 선생님께 뭘 해드렸나 생각해보니 그래도 그림 값은 넉넉하게 드렸노라 우기고 싶다. 그때, 선생님은 우선생에게 매일매일 다가서고 우선생은 자꾸 물러날 궁리만하고 있을 때 내가 우선생을 물러나지 못하게 엄청나게 압박했다는 사실 하나만으로도 그림 값 후하게 쳐드린 게 아닐지….

검은색 멋진 무늬가 어우러진 셔츠를 입고 후박나무 아래서 우리 집을 올려다보며 그림을 그리던 상남 선생님, 미수를 진심으로 축하드리며 꽃과 나무가 아름다운 명륜동 그 집에서 우선생과 오래 함께하시길 소망한다.

뉴욕 시화전을 추억하며

김옥기

학창 시절부터 시를 좋아했던 나에게 성춘복 시인은 별이었다. 하늘의 별, 깜깜한 밤하늘에서 반짝이는 수많은 별들 가운데 가장 크게 빛나는 상남 별.

그 별을, 미국에 가서 한 20년쯤 이민살이 후 한국에 다니러 왔다가 만났다. 그때 만난 선생님은 바쁘고, 고달프고 삭막하게 살던 내게는 깊은 산속 옹달샘이었다. 오래전에 작고하신 수필가 이계향 선생님과 함께였다.

청춘의 나이 때는 하늘의 별이었다가 나이 들어 남의 나라 땅에 살면서 고국만 그리워하던 나에게 깊은 산속 옹달샘이 되신 선생님. 나는 내가 근무하는 세계일보를 통해 선생님의 시화전을 열어드리기로 했다. 그것은 내가 해 드릴 수 있는 최고의 선물이었다.

2009년 6월 10일부터 20일까지 열흘간 교포 언론사인 미주세계일보 전 직원이 총동원하여 해외에서는 보기 힘든 성춘복 선생님의 시화전을 열었다. 시화전 오프닝 날 뉴욕동포 지도자들이 대거 초대

됐고, 미동부한인문인협회와 국제펜클럽 한국본부의 뉴욕지부가 후원하여 뉴욕거주 문인들이 빠짐없이 참석했다. 이날 선생님은 문학강연과 시낭송을 하셨다.

특히 선생님의 작시의 '먼 나라'를 일본인 힐링콘서트 성악가 소프라노 '세이코 리'가 부를 때는 분위기가 무르익어 코끝이 찡했다. 교포사회에서 드문 수준 높은 문학행사였다.

전시회가 열리는 열흘간 선생님은 매일 밤마다 화려한 빛으로 바뀌면서 신비함을 보여주는 엠파이어스테이트 빌딩이 정면으로 보이는 맨해튼 8애브뉴 34가의 뉴요커호텔 21층에 머무셨다. 뒤쪽은 허드슨 강이 흐르고, 오른쪽엔 세계에서 가장 큰 맨해튼우체국과 메디슨스퀘어가든이, 한 애브뉴 건너에는 세계에서 가장 크고 유명한 메이시백화점이 있었다. 유명한 패션거리, 그 바로 옆에는 매해 12월 31일이면 전국에서 몰려와 제야의 종소리를 들으며 새해를 맞이하는 연극 영화관이 즐비한 타임스퀘어였다. 메이시백화점에서 두 블록을 더 가면 엠파이어스테이트 빌딩이 나오고 그 뒤가 코리아타운이었다.

선생님은 특유의 부지런함으로 아침 일찍 코리아타운까지 걸어가서 2층 찻집에서 창밖을 내다보며 차를 마시곤 했다.

나는 특별한 만남을 주선하기도 했다. 설치작가 강익중 씨와 서양화가 김포 선생님의 맨해튼 작업실에 각각 초대받아 문학과 미술 속에 흐르는 예술의 공감대를 나누기도, 또 의친왕의 따님이신 이지수 박사님의 펜실베이니아 산장에서 하루를 묵기도 했다.

세 분 다 내가 사랑하고 존경하는 분들이었다. 고국을 떠나 외로웠던 내게 정신적 의지처가 된 분들이었기에 선생님과도 인연을 맺어드리고 싶어서였다.

그 외에도 뉴욕문인들의 초대를 받아 그들 집이나 유명 레스토랑도 가고, 뉴욕서 가장 큰 다리인 타판지 브릿지와 한인들이 가장 많이 이용하는 조지워싱턴 브릿지를 건너기도 했다. 맨해튼 최남단인 스테이튼 아일랜드를 페리호를 타고 다녀오기도 했다. 선생님은 어디를 가시든지 작은 스케치북에 펜으로 스케치를 하셨다.

그 후 선생님을 따라 두 번의 일본 여행을 하는 행복한 기회가 있었는데, 그때도 선생님은 스케치를 많이 하셨다. 오랜 세월 시를 쓰셨음은 잘 아는 터였지만 가까이 접해보니 그림과 여행에도 열정이 대단하셨다.

꼽아보니 뉴욕 시화전을 연 지도 벌써 15년이 되어간다. 세월이 참 빨리 흐른다. 선생님도 가끔 뉴욕에서의 그날을 추억하실까 궁금하다. 아무쪼록 오래 건강하셔서 또 한 번의 시화전을 기획하고 싶다. 만약 다시 그런 기회가 온다면 그때 미처 생각 못해서 빠뜨린 것들을 다 채워서 해 드리고 싶다.

고마운 인연

오정순

가을이 되면 종종 살아오면서 내게 힘을 실어주신 분들을 생각한다.

나의 개성을 속 깊이 감추고 세상이 원하는 대로 되어주며 살다가 진정한 나를 표현하고 싶어 버르적거릴 때 빛이 되어 주신 분들이 있다.

그분들은 대체로 나에게 무엇을 어떻게 해주시는 것이 아니라 숨은 나의 열정과 재능을 알아채고 나를 그렇다고 읽어주시고 인정해주시는 분들이다.

어려서는 두 말 할 것 없이 성장의 저해 요소를 없애주는 부모님 역할이 크지만, 기대하는 만큼 부담도 큰 게 사실이다.

자식이 성인이 되어도 애정을 놓지 못하는 아버지를 놓고 싶어 나는 교사자격증을 반납하였다. 한 해만 더하면 자격증소지자가 된다고 어른들이 말렸을 때도 나는 생각이 달랐다. 항해하던 배를 태우지 않고 새 육지에 들어서면 험한 세상에서 살아남기 어려울 터, 아차 하면 자격증으로 돌아갈 소지가 커서 도망갈 배를 버려야 한다고 생각했다. 자격증을 소지하는 것은 있는 힘을 다 해 살지 않겠다는 약속과도 같으니까.

아버지가 좋아하는 직업에서 내가 하고 싶은 일을 하면서 학업을 더 연장하고픈 욕구를 가졌으므로 자격증을 버리고 새 시간을 맞기로 했다. 얼마나 실망하셨을까 짐작이 가기에 홀로 결정하였다.

그 덕에 잘 살아야 한다는 명제가 강해지고 부모에게 인정받으려면 내 삶을 성공적으로 이끌어야 했다. 흐트러질 수도 없고 망가트릴 수도 없었다. 오로지 내가 결정하고 내가 누리고 내가 책임지리라 작정하였으니 당연 혼인에도 개입하기를 막아버렸다.

그때 교사수기 공모에 응했다가 당선된 내가 만난 권영철 선생님은 학교를 떠난 젊은 교사의 사기를 힘껏 높여 주었다. 상금 받으러 가서 그 자리에서 취업하고 교사 봉급의 두 배를 주지 않으면 나오라고 권했다. 사람이 필요하면 보인다고 했다. 방송국 어린이 프로 피디, 잡지사 기자로 소개하겠다고 했지만 나는 스스로 일어서야 내 것이 된다 싶어서 그 자리에서 나를 키워나갔다.

성춘복 선생님에 대한 이야기를 풀기 전에 말이 긴 것은 같은 맥락에서의 고마움 때문이다. 여주에서 수필이야기 멤버가 출판기념회를 가진 날, 처음 뵈었고 스치는 바람처럼 한 줄기 지나가는 말을 내가 담아 안았다는데 있다.

—오 선생은 그런 감성을 가지고 글 안 쓰면 죽습니다.

길어야 좋은 말이 아니라 정확이 읽고 피드백해 줄 때 그 말에 힘이 실린다. 한 말씀이 나를 낫게 했다. 글을 써야할 명분이 뚜렷해졌고 가치 운운하던 방황을 끝냈다.

그날 이후 동화작가 김학선 제낭이 내게 한 말이 이루어졌다.

글만 열심히 쓰고 있어도 세상에는 볼 눈이 있으니 마음 다치지 말고 열심히 글 쓰라던 말이 맞았다.

흙을 밟으며 발자국을 찍고 걸어야 자기 역사라고 나는 생각한다. 사람에 매달리고 기대하고 실망하는 일은 문단에 허다한 풍경이다.

이제 우희정 대표와 함께 꾸린 소소리 문학시대에 대해 말하고 싶다. 성균관대 뒷문을 지나 만나는 그곳은 심미적 욕구를 채워주는 것들로 가득하다. 다양한 수집품에 스토리를 입혀 전시하려면 집이 좁다. 물건 하나 고르는데도, 음식 한 그릇 잡수는데도, 찻집 골라 다니시는데도 취향이 분명하시니 자신을 자신답게 사시는 분이시리라.

어머니 같은 남자, 인간애 풍기는 작가, 어디서건 멋을 아는 노시인, 선생님도 그렇게 하지 않으면 안 되시기에 나의 열정을 읽으신 거였다. 당연 글 욕심은 말해 무엇하겠는가.

희수연 소식에 대해 박수를 쳤다. 무엇이든 특별한 날을 기념하는 것은 다 좋다. 할 수만 있다면 하는 게 좋은 일이라 기꺼이 기쁨을 나누어드린다. 산다는 건 좋은 일, 봄을 다시 맞을 때마다 그 초록순에 환희심 열리듯 인연들 마주대할 때마다 감사다.

—선생님 축하드립니다. 글은 접으시더라도 후배 작가들에게 힘이 되도록 오래오래 환하게 누리십시오.

꾸밈없으신 멋쟁이 선생님

이성호

모국을 떠나 모든 것이 서툴고, 현지에 적응하기 위해 영어 공부가 급선무인 때, 문화적 충격으로 나 자신이 걸리브 여행기에 난쟁이처럼 초라해졌었다. 그때 태평양을 건너며 버렸던 펜을 다시 들고 남의 땅에서 설움 받는 우리 글을 녹슨 은쟁반을 닦아 고이 담는 심정으로 미주 한국일보에 컬럼을 쓰며 나 자신을 위로했다. 이곳에 한인타운도 형성되고 몇몇 문인들이 모여 문인협회도 만들고, 본국 문인협회과의 교류도 있었을 때, 서울 600년 기념으로 세계 시인대회라는 큰 행사가 있었다. 그 행사에 초청된 엘에이 시인 몇명의 일원으로 한국에 갔을 때, 그 당시 한국문인회 이사장이셨던 성춘복 선생님을 처음 뵈었다. 투박한 경상도 사투리가 무뚝뚝한 모습과 잘 어울려서, 성춘복 선생님께서 낯선 나에게 친절을 배푸시리라는 기대는 하지 않았다.

그런데 시간시간 그 행사에 참석하면서 의문이 생겼다. 모든 면으로 파격적인 행사를 정치인 권력가도, 이름난 재벌가도 아닌 문인협회 이사장이 어떻게 세계에 흩어져 있는 문인들의 여비까지 충당하며 이전에 없었던 큰 행사를 성사시켰으며, 정부로부터 문인들을 인정, 존중, 대접을 받게 할 수 있었는지, 선생님의 역량에 감탄했다. 또 문협을 이끌어 가시는 과정을 일일이 지켜보게 되었다. 그 후 선생님의 주도하시는 행사를 존중하게 되었다. 선생님께서 본국 문인들을 인솔하시고 거행하시는 엘에이나 뉴욕, 일본 등의 해외 방문 행사에도 참석하게 되었다. 뉴욕에는 친정이 있고, 일본에는 가깝게 지냈던 왕수영 선생님이 계셔서 기꺼이 참석할 수 있었다.

그리고 모국방문 시면 선생님 사무실도 방문하였었는데, 때마다 서울 문인협회 행사나, 나의 서울 체류일 동안 개최되는 지방문인 순회 행사, 그리고 서울 문학의 집· 서울 행사도 참가할 기회를 주셨다.

선생님의 무뚝뚝한 첫인상도 변함없으셨고, 말씀과 행동이 전혀 꾸밈이 없으셨지만, 그 엄숙한 내면에 선생님의 시에 곁들이는 고운 스케치 같은 자상함을 후배들에게 늘 베푸시었다. 그리고 선생님께서는 내 문학의 용량에 맞게 도움을 주셔서 나를 문인으로 조금씩 성숙하게 해주셨다. 그래서 내 반세기 이민 일기에 꿈틀 대는 나의 그래픽 속에, 흑백 사진처럼 은은한 내 문학의 추억 편에 깃들어 계신다. 나는 모국방문 후 시를 몇 편씩을 남겨 놓는데 그중에 오늘 새삼 선명하게 떠오르는 시가 있다.

'까치소리'.

햇살이 묵은 시간 속에서 속삭이던, 모국 문인들과의 속리산 하루, 그곳에만 있을 수 있는 물 같은 물, 산 같은 산의 젖가슴을 휘감으며, 돌아온 이의 회환을 녹이고 산채 흑염소로 차려주던, 정성 어린 시인의 밥상, 참기름, 감식초 꽁꽁 사주던 곰삭은 정이, 혈압 오르듯 시도 때도 없이 저려 온다.

예로부터 사람이 싫어지면, 산천을 찾는다지만, 고운 마음이라야 산천도 반기리라. 종잡을 수 없는 생각, 곱씹던 시심을 삼키는 목젖이 뻐근한데, 시 한 줄 건져 보라고, 채운사 즉흥시를 읊조리던 선배의 애틋함이, 물보라로 젖는다.

사람을 사랑할 줄 알아야, 자신의 시에 부끄럽지 않은 시인이 되리니, 그 물 그 산하 같은 마음들이여, 까악까악 반기던, 미원면 금관리의, 까치소리여.

참으로 오랜만에 모국방문 중 성춘복 선생님을 뵈었다. 모습은 많이 변하지 않으셨지만 우희정 선생님으로부터 그간 선생님의 위중했던 병역에 관해 들으며 이만하시기 천만다행이라 생각하면서, 선생님이 혼자됐을 때 우희정 선생님과의 결혼이 큰 축복이라 여겨졌다. 같이 외출해서 식사 대접도 할 수 없는 아쉬움에 잠시 옛 생각에 잠겼다. 아주 오래전 내가 서울 올 때마다 진달래를 볼 수 없다고 날씨 탓을 하니, 어느 해는 남산에 개나리꽃 사이에 진달래가 피기 시작했다시며, 항상 선생님과 같이 만났던 전옥주, 이경희 선생님들과 같이 남산으로 가서 진달래를 보여주셨던 일, 골목골목 돌아서 토종 한식 맛집에 갔었던 일들이 번개같이 스쳐 지나갔다.

노후가 평안해야 복된 삶이라는데, 안전하고 품격 있는 아담한 주택에, 선비에 걸맞게 종이 향내 나는 책장에 둘러싸인 사무실에서, 가끔 후배들의 문안을 받으시며, 아직도 문학을 논하시는 일상은 충분히 행복한 노후라고 여겨졌다.

분위기 있는 사무실에서의 우리 세 사람의 얘기는 커피 향처럼 뇌의 혈관을 감돌았고 돌아오는 내 발길이 아쉬웠지만 가벼웠다.

그렇게 두 분 오래오래 그곳에 같이 계시기를 하나님께 기도드린다. 또 뵐 수 있기를 바라면서, 하늘의 축복이 늘 같이 하실 것을 믿는다.

혜화동 아름드리

이경자

어여쁘셔라 미수(米壽)의 빛
닭울녘의 부지런함으로
동해인 듯 서로 서해인 듯 동으로
너른 걸음 놓으시고

바람처럼 걸리지 않고
구름처럼 흐르던
호호망망 꿈의 길
멀고도 깊었어라

안경 너머의 세상은
늘 자고 나면 솟아나는 싹처럼
어둠길 서둘러
훌훌 털고 나서시더니

가쁜 숨 눌러앉히며

아름드리 밑동의 고단함이
내달리며 사무치던, 그 길
홍혈(紅血)의 잎 빛살로 밝아지고

미쁨의 한낮 저녁답의 파랑
치자물빛 은은히 어리고 스몄으니
가없어라 구순한 세월
정겨워라 혜화동 길.

진정한 한량

김종미

성춘복 선생님을 처음 뵌 것은 한국전력공사 홍보실 편집부에서 사보담당자로 근무할 때였다.

사보에는 으레 시가 한 편씩 들어가곤 했는데, 선생님께는 시 청탁뿐만 아니라 산문 원고도 종종 부탁드리곤 했다.

당시는 이메일이 없던 시절이라 원고를 직접 만나거나 우편으로 받았다. 은행 계좌로 송금은 가능한 때였지만, 필자를 만나 원고를 받고 그 자리에서 원고료를 전달하는 일이 많았다.

원고를 받으러 집을 방문하기도 하고, 또는 집 주변 커피숍으로 오라는 경우도 있었지만, 보통은 인사동에서 필자들을 많이 뵌 것 같다.

선생님은 잠실 롯데호텔의 커피숍 '페닌슐라'로 약속장소를 잡으셨다. 강남의 '뻴띠에'라는 제과점에서 뵌 적도 있다. 보통의 필자들에 비해 좀 특별한 곳이었다. 고급스럽고 예쁘고 맛있는 그리고 선생님 연세에 비해 젊은 취향의…. 언젠가는 혜화동로터리에 있는 선생님 사무실에 원고를 받으러 갔었는데, 무척 예쁜 잔에 커피를 내놓으셨던 기억이 난다.

그리고 선생님께서는 삶을 아름답게 사는 법에 대해 많은 얘기를 하셨던 듯하다. 어쩌면 내가 그런 내용만을 선택적으로 기억하는 것인지는 모르겠지만.

이후 『시대문학(후에 문학시대로 제호 변경)』을 통해 등단한 후에는 문학시대 출신 수필가 모임에서 선생님이 작품을 평해 주시곤 했는데, 글에 대한 얘기도 하셨지만 문인으로서의 자세에 대해 말씀하셨던 것이 더 기억에 많이 남아 있다.

옆에서 지켜본 성춘복 선생님은 미적 감각이 뛰어나고 멋을 아시는 분이셨다. 그림은 또 얼마나 잘 그리셨는지….

한전에 근무할 때 편집부장이셨던 분이 선생님과 같은 대학을 나오고(학과는 다르지만) 출판사에 같이 근무하셨다면서 "성춘복 선생은 한량이지."라는 말을 하는 것을 들은 적이 있다. 여기서 '한량'이라는 말은 본인이 하고 싶은 일을 하면서 즐기는 삶이라고 정의하고 싶다.

정말 선생님은 진정한 멋을 아는 이 시대의 한량이셨던 것 같다.

책끝에

미수를 맞이하는 시인의 뜻깊은 날을 그냥 보내기가 아쉬워 시전집을 준비하다보니, 평생을 문단에서 활동하며 여러 문인 선후배 선생님들과 맺은 인연 또한 소중함을 알게 되었습니다. 하여 상남 시인과의 여러 인연들을 모아 한 권의 책으로 묶어 기리고자 원고청탁을 하였습니다.

짧은 시간 안에 '상남과 나', '내가 아는 성춘복'에 관한 정겨운 글을 주셔서 고맙고 감사한 마음입니다.

이 작품집이 길고 긴 문학여정을 마무리하려는 노시인에게는 큰 선물이 될 것이라 믿습니다. 황금덩어리보다 더 묵중한 인연도, 새털처럼 가벼운 인연도 모두 소중합니다.

저 또한 상남 선생님 덕분에 맺게 된 감히 범접할 수 없는 분들과의 인연을 크나큰 영광으로 여깁니다. 그 인연에 누(累)가 되지 않도록 살고자 합니다. 따스한 마음으로 격려의 말씀주시면 큰 힘이 되겠습니다.

2023년 상달에

엮은이 우희정